"四史"专题讲座

杨德山 朱一鸣 ◎ 著

中共中央党校出版社

图书在版编目（CIP）数据

"四史"专题讲座 / 杨德山，朱一鸣著. -- 北京：中共中央党校出版社，2021.3
ISBN 978-7-5035-6623-3

Ⅰ.①四… Ⅱ.①杨… ②朱… Ⅲ.①中国历史 – 近现代 – 学习参考资料 Ⅳ.① K25

中国版本图书馆 CIP 数据核字（2021）第 036133 号

"四史"专题讲座

责任编辑	任丽娜　桑月月
责任印制	陈梦楠
责任校对	王　微
出版发行	中共中央党校出版社
地　　址	北京市海淀区长春桥路 6 号
电　　话	（010）68922815（总编室）　（010）68922233（发行部）
传　　真	（010）68922814
经　　销	全国新华书店
印　　刷	阳谷毕升印务有限公司
开　　本	690 毫米 × 980 毫米　1/16
字　　数	200 千字
印　　张	16
版　　次	2021 年 3 月第 1 版　2021 年 3 月第 1 次印刷
定　　价	58.00 元

网　　址	www.dxcbs.net	邮　箱	zydxcbs2018@163.com
微信 ID	中共中央党校出版社	新浪微博	@党校出版社

版权所有・侵权必究
如有印装质量问题，请与本社发行部联系调换

前言

习近平总书记在"不忘初心、牢记使命"主题教育总结大会上的讲话中明确指出,要把学习贯彻党的创新理论作为思想武装的重中之重,同学习马克思主义基本原理贯通起来,同学习党史、新中国史、改革开放史、社会主义发展史结合起来,同新时代我们进行伟大斗争、建设伟大工程、推进伟大事业、实现伟大梦想的丰富实践联系起来,在学懂弄通做实上下苦功夫,在解放思想中统一思想,在深化认识中提高认识,切实增强贯彻落实的思想自觉和行动自觉。①

学习党史就是要学习中国共产党筚路蓝缕创业奋斗的历史、学习中国共产党不忘初心为民服务的历史。习近平总书记强调,党史是一部丰富生动的教科书,必须坚持实事求是研究和宣传党史。1921年中国共产党成立,这一开天辟地的大事变,深刻改变了近代以来中华民族发展的方向和进程,深刻改变了中国人民和中华民族

---

① 习近平:《在"不忘初心、牢记使命"主题教育总结大会上的讲话》,《人民日报》2020年1月9日。

的前途和命运，深刻改变了世界发展的趋势和格局。党团结带领中国人民经过28年浴血奋战，完成新民主主义革命，成立了中华人民共和国，实现了中国从几千年封建专制政治向人民民主的伟大飞跃。党团结带领中国人民完成社会主义革命，确立社会主义基本制度，消灭一切剥削制度，推进了社会主义建设，实现了中华民族由不断衰落到根本扭转命运、持续走向繁荣富强的伟大飞跃。党团结带领中国人民进行改革开放新的伟大革命，开辟了中国特色社会主义道路，形成了中国特色社会主义理论体系，确立了中国特色社会主义制度，使中国赶上了时代，实现了中国人民从站起来到富起来、强起来的伟大飞跃。

学习新中国史就是要学习中国共产党领导新中国建设的历史、学习中华民族焕发新活力的历史。1949年10月1日，毛泽东向世界庄严宣告了中华人民共和国的成立，中国人民从此站起来了。这一伟大事件，彻底改变了近代以来100多年中国积贫积弱、受人欺凌的悲惨命运，中华民族走上了实现伟大复兴的壮阔道路。新中国成立后，全国各族人民同心同德、艰苦奋斗，取得了令世界瞩目的伟大成就。今天，社会主义中国巍然屹立在世界东方，没有任何力量能够撼动我们伟大祖国的地位，没有任何力量能够阻挡中国人民和中华民族的前进步伐。

学习改革开放史就是要学习中国共产党推进社会主义制度不断完善的历史、学习中华民族富起来的历史。1978年12月18日，党

◇ 前 言

召开十一届三中全会,实现新中国成立以来党的历史上具有深远意义的伟大转折,开启了改革开放和社会主义现代化的伟大征程。党作出实行改革开放的历史性决策,是基于对党和国家前途命运的深刻把握,是基于对社会主义革命和建设实践的深刻总结,是基于对时代潮流的深刻洞察,是基于对人民群众期盼和需要的深刻体悟。改革开放是我们党的一次伟大觉醒,正是这一伟大觉醒孕育了我们党从理论到实践的伟大创造。改革开放是中国人民和中华民族发展史上的一次伟大革命,正是这一伟大革命推动了中国特色社会主义事业的伟大飞跃。

学习社会主义发展史就是要学习世界社会主义曲折发展的历史,学习中国特色社会主义道路开辟和发展的历史。道路问题是关系党的事业兴衰成败第一位的问题,道路就是党的生命。中国特色社会主义,是科学社会主义理论逻辑和中国社会发展历史逻辑的辩证统一,是根植于中国大地、反映中国人民意愿、适应中国和时代发展进步要求的科学社会主义,是全面建成小康社会、加快推进社会主义现代化、实现中华民族伟大复兴的必由之路。

党史、新中国史、改革开放史、社会主义发展史,内容各有侧重,时间长短不一。但总的来说,学习"四史"就是要以党的领导为主线,学思践悟,将全党全国人民的思想和行动统一到实现中华民族伟大复兴的中国梦上来,统一到社会主义现代化强国建设上来。2020年6月27日,习近平总书记在给复旦大学青年师生党员回信中提出,希望广大党员特别是青年党员认真学习马克思主义理论，结合学习党史、新中国史、改革开放史、社会主义发展史，进一步坚定理想信念，从而在奋发有为中践行初心使命，努力为实现"两个一百年"奋斗目标、实现中华民族伟大复兴的中国梦贡献智慧和力量。学习"四史"，要善于从中汲取养料，学习中国共产党人彻底革命的精神、独立自主的风骨、严字当头的禀赋、与时俱进的风貌、人类解放的情怀。"四史"呈现在人们眼前的是一幅幅共产主义者、人民大众为了人类彻底解放，为了中国人民的幸福，为了中华民族伟大复兴，而流血牺牲、勤恳劳作、艰苦创业、繁忙奔波、弄潮时代的壮丽画面；是经典作家卷卷传世的经典，是革命领袖和党的领导集体的篇篇重要文献，是决定党和国家命运的一份份党的会议的决定、决议、意见。假若我们掩卷而思，以先辈先贤为榜样而身体力行，我们就能悟到"四史"的智慧、精神，从而对马克思主义理论有一个崭新的认识。

编　者

2020 年 12 月

目 录
CONTENTS

第一讲
社会主义 500 年与中国特色社会主义发展历程

一、社会主义从空想到科学 …………………………… 003
二、社会主义从理论到实践 …………………………… 009
三、中国特色社会主义的开创和发展历程 …………… 015

第二讲
马克思主义基本原理与中国化

一、马克思主义基本原理 ……………………………… 027
二、毛泽东思想 ………………………………………… 033
三、邓小平理论、"三个代表"重要思想、科学发展观 … 039
四、习近平新时代中国特色社会主义思想 …………… 044

第三讲

历史和人民选择了中国共产党

一、鸦片战争与中国近代史的开端 ………………………………… 053
二、辛亥革命与君主专制制度的终结 ……………………………… 060
三、中国共产党成立与中国革命的新面貌 ………………………… 068

第四讲

新民主主义革命的伟大胜利，中国人民站起来了

一、艰苦卓绝的土地革命战争 ……………………………………… 078
二、抗日战争的中流砥柱 …………………………………………… 085
三、全国解放与新民主主义革命胜利 ……………………………… 094

第五讲

改革开放的伟大成功，中国人民富起来了

一、伟大历史转折和改革开放的起步 ……………………………… 104
二、把中国特色社会主义全面推向 21 世纪 ……………………… 112
三、中国特色社会主义不断向前推进 ……………………………… 118

第六讲
中国特色社会主义进入新时代，开启中华民族伟大复兴新征程

一、中国特色社会主义进入新时代 ············· **127**
二、中华民族伟大复兴的中国梦 ··············· **134**
三、夺取新时代中国特色社会主义伟大胜利 ······· **142**

第七讲
坚定道路自信

一、近代救亡图存道路的探索 ················· **152**
二、中国特色社会主义道路的开辟 ············· **159**
三、坚定新时代中国特色社会主义道路自信 ······· **167**

第八讲
坚定理论自信

一、马克思主义在中国的理论传播 ············· **176**
二、中国共产党指导思想的发展与创新 ········· **179**
三、坚定新时代中国特色社会主义理论自信 ······· **184**

第九讲
坚定制度自信

一、中国特色社会主义制度的探索与开辟……198
二、中国特色社会主义制度的体系与优势……208
三、坚定新时代中国特色社会主义制度自信……215

第十讲
坚定文化自信

一、中华文化的辉煌、挫折与重生……224
二、文化自信的提出、意义与内涵……231
三、坚定新时代中国特色社会主义文化自信……237

参考文献……243
后　记……245

第一讲

社会主义 500 年与中国特色社会主义发展历程

习近平总书记指出："中国特色社会主义不是从天上掉下来的，是党和人民历尽千辛万苦、付出各种代价取得的根本成就。"道路问题是关系党的事业兴衰成败的第一位的问题，道路就是党的生命。我们党和人民在长期实践探索中，坚持独立自主走自己的路，取得革命建设改革的伟大胜利，开创了中国特色社会主义，从根本上改变了中国人民和中华民族的前途命运。历史和实践告诉我们，只有社会主义才能救中国，只有中国特色社会主义才能发展中国；中国特色社会主义，是中国共产党和中国人民团结的旗帜、奋进的旗帜、胜利的旗帜，是当代中国发展进步的根本方向。

中国特色社会主义是在改革开放新时期开创的，也是建立在我们党 100 年长期奋斗基础上的，而其思想、理论和实践的源头，则可追溯到更远。从提出社会主义思想到现在差不多有500年时间。从这个很长的历史过程来考察中国特色社会主义，就可以更加清晰地看到其思想发展的脉络，更加充分地认识中国特色社会主义的历史必然性和科学真理性。

社会主义500年，经过了从空想到科学、从理论到实践、从一国实践到多国发展的过程。2013年1月，习近平总书记在新进中央委员会的委员、候补委员学习贯彻党的十八大精神研讨班上的讲话中，分六个时间段对社会主义500年的历史进行了系统回顾和梳理，展现了中国特色社会主义的历史渊源和发展进程。内容包括空想社会主义产生和发展，马克思、恩格斯创立科学社会主义理论体系，列宁领导十月革命胜利并实践社会主义，苏联模式逐步形成，新中国成立后我们党对社会主义的探索和实践，我们党作出进行改革开放的历史性决策、开创和发展中国特色社会主义。

◇ 第一讲 社会主义500年与中国特色社会主义发展历程

一、社会主义从空想到科学

空想社会主义是科学社会主义理论与实践的逻辑起点,从16世纪初到19世纪中叶的300多年时间里,在英国、法国、德国、意大利等早发资本主义国家,涌现出了数十位空想社会主义思想家。他们揭露和抨击了新兴资本主义的各种矛盾和弊病,并立足自身所在的社会历史条件,畅想了代替资本主义的新型社会制度,有的还投身具体实践。在他们看来,这种对资本主义的反思批判,对未来社会的大胆设想,并不是空想。最早,"空想社会主义者"这一提法是带有一定贬义的称谓,但在马克思、恩格斯的论述中,"空想社会主义"则是一种褒扬。马克思、恩格斯在对空想社会主义进行科学分析的基础上,立足当时的社会生产条件,实现了社会主义从空想到科学的飞跃。

1. 空想社会主义的产生和发展

人类自进入阶级社会以来,一直存在着制度性的社会不公现象,自阶级社会以来的人类历史也全都是阶级斗争的历史,对社会不公的反抗、对理想社会的追求也始终存在,如我国的"大同社会"思想。但严格来讲,在资本主义之前的生产生活条件下,人类对理想社会的探求受到了多方面的约束,只能说是为近代社会主义提供了某些思想启示和历史渊源，而不能将之视为社会主义思想的直接来源。因而，社会主义史的开端一般是从早期资本主义时期开始。习近平总书记也是在这个层面展开了对社会主义500年历史的独到论述。

14—15世纪，随着世界地理大发现的进行以及世界市场的拓展，欧洲社会进入资本主义发展的原始积累时期，手工工场逐步替代了传统的简单协作生产。16—18世纪，资本主义在西欧封建社会主义内部逐步发展的同时，新兴资产阶级受到了封建主义的遏制和渗透。1765年瓦特改良的蒸汽机，推动了第一次工业革命的爆发，现代化的第一个浪潮由此开启。到了19世纪，资本主义的经济和政治制度已基本在西欧确立起来。诚如马克思、恩格斯所言，资本主义制度的建立及其发展在当时的生产力条件下是人类历史的巨大进步，带来了空前的巨大生产力，积累了空前的社会物质财富，在政治、经济、文化、思想各个层面重新塑造了人类社会。事物总是具有两面性，资本主义的巨大成就建立在巨大的社会代价之上。马克思指出："资本来到世间，从头到脚，每个毛孔都滴着血和肮脏的东西。"[①] 贩卖黑奴、种族屠杀、战争与瘟疫、严重的贫富分化，资本主义的发展面临着自身解决不了的难题。正是在这种情况下，反思和批判资本主义制度的思潮应运

---

① 《马克思恩格斯选集》第2卷，人民出版社1995年版，第266页。

而生。这种思潮后来被人们称为"空想社会主义"。

空想社会主义的开山之作,是1516年英国人莫尔出版的《乌托邦》一书。这本书深刻揭露了资本主义原始积累过程中的悲惨景象,同时描绘了一个没有剥削、人人平等的理想社会。与莫尔同时期的空想社会主义者还包括德国农民战争领袖闵采尔、意大利的康帕内拉等。康帕内拉于1623年出版的《太阳城》是继莫尔《乌托邦》之后的又一部空想社会主义重要文献。康帕内拉主要批判了社会的不平等与严重贫富分化,认为私有制是这一切罪恶的根源,他对未来社会的设想与莫尔大体一致,即建立一个社会财富全民公有、由社会组织生产与劳动的人人平等的社会。从17世纪中叶到18世纪末,英法先后爆发资产阶级革命,资产阶级开始作为一个独立的政治力量登上历史舞台。这一时期的资本主义经济已经发展到手工工场时期。同时,无产阶级也有了较大发展。出现了以法国空想社会主义者摩莱里和马布利等代表的"直接共产主义的理论"。进入19世纪,资本主义生产进入大机器大工业生产时期,资产阶级的统治得到加强和扩展,议会民主与共和制度才确立。伴随着这一切的是社会危机的空前加剧,资产阶级与无产阶级的矛盾空前激化。欧洲三大空想社会主义者法国的圣西门、傅立叶和英国的欧文正是在这一背景下出现的。以圣西门、傅立叶和欧文为代表的社会主义和共产主义是空想社会主义发展的最高阶段。他们对资产阶级与资本主义的批判比以往更加深刻,对未来社会的设想也更为系统。

空想社会主义者揭露资本主义社会的罪恶，批判资本主义制度的全部基础，论证未来社会代替资本主义的必然性和合理性，对未来社会提出一些积极主张和有价值的猜测。但是他们的共同局限是唯心史观，无法找到实现其社会理想的正确道路和社会力量。无产阶级迫切需要属于他们自己的用以反抗资产阶级压迫的科学理论，马克思、恩格斯所创立的科学社会主义理论体系应运而生。

2. 马克思、恩格斯创立科学社会主义理论体系

18世纪中期以后科学技术的迅速发展催生了近现代意义上的工厂制度，主要资本主义国家相继实现了从工场手工业向机器大工业的过渡。资本主义现代化的实现促使封建资本主义发展到自由资本主义的新阶段，资本主义社会的基本矛盾逐步显现，生产社会化与资本主义私人占有之间的矛盾日益尖锐，周期性的经济危机难以避免。1825年英国爆发了第一次全国性的生产相对过剩的经济危机。此后经济危机的魔咒如影随形。此外，产业革命在创造一个庞大的工业资本家阶级的同时，在另一极创造了更为庞大的与资产阶级严重对立的现代工业无产阶级。资产阶级亲手造就了从产生便要与之斗争的现代无产阶级。在经过一个阶段的自发反抗之后，无产阶级的抗争运动也逐步组织化，开始进行大规

模的政治罢工和武装起义。其中最著名的是1831年和1834年法国里昂纺织工人起义，1836—1848年英国工人的宪章运动以及1844年德国西里西亚纺织工人起义。这三大工人运动标志着欧洲现代工人运动进入独立的政治运动时期，标志着无产阶级开始作为独立的政治力量登上历史舞台。无产阶级迫切需要属于自己的科学理论。

唯物主义的创立。马克思、恩格斯在对德国古典哲学的批判基础上创立了历史唯物主义。德国古典哲学的最高成就在于黑格尔的辩证法与费尔巴哈的唯物主义。马克思、恩格斯批判吸收了黑格尔辩证法的合理内核和费尔巴哈唯物主义的基本内核，并把唯心主义从社会历史领域中驱逐出去，创立了历史唯物主义。历史唯物主义认为人类社会的发展是一个有着自身规律性的进化过程。在阶级社会，阶级斗争是社会发展的直接动力。马克思、恩格斯运用历史唯物主义的方法具体研究了资本主义社会，认为资本主义社会存在着不可克服的矛盾，即生产的社会化与生产资料私人占有之间的矛盾。在经济上的表现为经济危机的周期性出现，在阶级关系上的表现便是无产阶级与资产阶级的严重对立。无产阶级有权利采用包括暴力手段在内的一切社会变革手段，解放自己并解放全人类，为实现共产主义而奋斗。

剩余价值理论的创立。马克思、恩格斯批判吸收英国古典政治经济学的精华，创立了剩余价值理论。威廉·配第、亚当·斯密、大卫·李嘉图是英国古典政治经济学的代表人物。马克思在深入研究资本主义本质、揭露资本主义剥削秘密的过程中提出了剩余价值学说。剩余价值学说认为劳动力成为商品是剩余价值生产的先决条件，资本家在市场所购买的劳动力这一具有特殊使用价值的劳动力后，强迫他们生产出了超过工人补偿其生活费用的产品，这一部分资本家不付报酬的产品，就被资本家无偿占有了。而这就是剩余价值的来源、资产阶级财富的来源，也是资本主义生产方式的秘密。马克思对资本主义的批判不再是停留在道义层面的谴责，而是用经济学的方法具体说明了资本主义的剥削本质，揭露了资本主义社会的发展规律，并找到了对资本主义进行根本变革所要依靠的根本力量，即现代产业无产阶级。

马克思、恩格斯深入考察资本主义经济、政治、社会状况，批判继承德国古典哲学、英国古典政治经济学和法国、英国空想社会主义的合理成分，创立了唯物史观和剩余价值学说，并把社会主义思想置于这两大理论基石之上，从而使社会主义实现了从空想到科学的伟大飞跃。科学社会主义深刻揭示了资本主义产生、发展、灭亡和共产主义取代资本主义的历史必然性，对未来社会主义社会的发展过程、发展方向、一般特征作了科学预测和设想。当然，马克思、恩格斯对未来社会主义社会的设想主要是理论上的，至于如何付诸实践，还有待后人来解答。

二、社会主义从理论到实践

科学社会主义自产生之后，逐步与工人运动相结合，指导无产阶级政党的革命斗争，并在这个过程中不断完善和发展。在这种理论与实践的互动中，社会主义从理想变为现实。1848年《共产党宣言》发表时，欧洲爆发了规模浩大的1848年革命。这次革命具有资产阶级性质，以建立统一的民族国家为目标，为资本主义进一步发展扫清了道路。在革命的过程中，资产阶级不得不暂时联合无产阶级，利用无产阶级的力量。1864年，国际工人协会即第一国际诞生。在马克思的指导下，第一国际大力支援各国的工人运动，支持反封建的民主运动和民族解放运动。1871年爆发的巴黎公社革命，是无产阶级夺取政权的第一次伟大尝试。巴黎人民对建立无产阶级政权进行了最初的尝试。他们废除资产阶级的国家机构，废除资产阶级议会制，成立了新的国家机关，即巴黎公社。公社特别采取了两项具有鲜明革命特色的措施，一是规定所有公职人员无论职位高低，实行全面的选举制和撤换制；二是取消高薪制，规定任何工作人员年薪不得超过熟练工人的工资水平。巴黎公社虽然仅存在了72天，但公社的基本原则是永存的。

1. 列宁领导十月革命胜利并实践社会主义

20世纪初,列宁把马克思主义基本原理同俄国具体实际相结合,创造性地提出社会主义可能在一国或数国首先取得胜利的理论,他领导十月革命取得成功,建立了世界上第一个社会主义国家,使社会主义实现了从理论到实践的伟大飞跃。十月革命胜利后,究竟如何搞社会主义,也没有先例,列宁进行了深入思考和艰辛探索。针对1918年下半年到1921年春实行战时共产主义政策暴露出的问题,列宁进行了深刻反思,提出了新经济政策,对战时共产主义政策进行了深刻调整。

从18世纪末以蒸汽化为先导的科技革命带动的现代化、全球化第一个浪潮之后,到19世纪70年代,又开始掀起以电气化为先导的新科技革命带动的现代化、全球化的第二个浪潮,从而使社会生产力得到迅速发展。卡特尔、辛迪加、托拉斯、康采恩等各种形式的垄断组织在主要资本主义国家广泛发展起来,世界资本主义的发展进入了新阶段。列宁关注到了自由资本主义到垄断资本主义的发展,对帝国主义的基本特征与发展趋势作了独到全面的分析,形成了帝国主义论,进而提出一国革命可以首先胜利的理论。列宁认为,因为存在垄断,所以帝国主义的经济政治发展不平衡规律的作用特别突出。由于世界已经被帝国主义列强瓜分完毕,后起的帝国主义国家必然掀起战争。而世界大战的爆发必然会使帝国主义时代的其他两大阶级矛盾激化,并且上升为主

◇ 第一讲　社会主义 500 年与中国特色社会主义发展历程

要矛盾，进而引发世界革命，最后必将以无产阶级革命的胜利而告终。马克思、恩格斯在研究西欧资本主义发展状况的基础上，得出无产阶级革命必须在几个发达资本主义国家几乎同时发生才能取得胜利的结论。列宁在深入研究和分析资本主义发展进入帝国主义新阶段的基础上，对无产阶级革命的发展得出了社会主义革命可能在不发达国家首先胜利的结论。1917 年 4 月以后，随着形式的发展变化，列宁更加明确论述了社会主义革命将首先在像俄国这样的落后国家取得胜利的可能性。列宁关于社会主义革命可能在不发达国家首先胜利的理论的提出，具有很强的针对性。当时俄国已经成为各种社会矛盾的集中点，革命形势日益具备。列宁认为帝国主义世界大战使得无产阶级世界革命出现新的形势成熟，俄国无产阶级夺取政权、取得社会主义革命胜利后，将会引发欧洲发达资本主义国家的无产阶级革命，进而取得无产阶级世界革命的胜利，最终实现世界共产主义。

19 世纪 80 年代俄国出现现代工人运动。1917 年俄国二月革命推翻沙皇专制政府后，出现了资产阶级临时政府和工兵代表苏维埃两个政权并存的局面。1917 年 11 月（俄历 10 月）列宁领导布尔什维克党发动了十月社会主义革命，建立了人类历史上第一个工人阶级政党领导的社会主义国家。列宁认为帝国主义世界大战使得无产阶级世界革命出现新的形势，实现世界共产主义的条件已经成熟，应该由俄国革命带头，引发欧美亚各洲革命，在世界各国建立起苏维埃共和国，形成世界社会主义苏维埃共和国联邦。1919年3月第三国际在莫斯科成立，作为领导世界革命的司令部，各国共产党都是共产国际的一个支部，受共产国际统一领导。1918—1923年共产国际先后在芬兰、德国、匈牙利和斯洛伐克建立苏维埃共和国，但均以失败告终。列宁建立世界社会主义苏维埃共和国联邦的设想遇到了重大挫折，但他始终坚信世界革命必将胜利。

俄国走上社会主义道路之后如何建设社会主义，对于布尔什维克党人来说只有1871年巴黎公社的经验可供借鉴，除此之外只能依照俄国实际进行探索。起初，列宁试图以战时共产主义政策为抓手，直接过渡到共产主义。战时体制的开端是粮食征集制，为保障军队与城市的粮食供应，苏维埃政权实行余粮收集制，此外还实行广泛的工业国有化、私人商业国有化与劳动义务制和劳动"军事化"。战时共产主义是俄国社会主义制度的最初模式，对后来苏联模式的形成及改革的历程都产生了深远影响。在战争环境中，战时共产主义产生过一定的积极意义。但在战争结束之后，这一制度成为阻碍俄国进一步发展的枷锁。1920年秋冬，战争完全结束。列宁等人对俄国的进一步发展作了反思，开始转向新经济政策，实现了对社会主义的再认识。1921年3月，俄共（布）举行第十次代表会议，通过了实行新经济政策的决议。这种对社会主义建设的新探索，第一，以市场为导向，承认和利用商品货币关系，承认和利用市场的积极作用；第二，允许多种经济成分共存；第三，坚持和完善党的领导；第四，改革过度集权的政治体制，加强对权力的有效监督和制约。新经济政策原本是长期的社会发展战略，但自1924年列宁去世之后，新经济政策逐步被取消。

2. 苏联模式逐步形成

列宁逝世以后，俄共（布）面临一个发展战略选择问题。围绕这个问题，俄共（布）出现了三次大的党内斗争。斯大林在战胜党内三个反对派之后，随即开始践行他关于社会主义建设的政策，包括高速工业化、农业全盘集体化和"大清洗"三大运动，完全改变了列宁开创的新经济政策的过渡性模式，逐渐形成了后人所称的斯大林模式，即社会主义的苏联模式。斯大林采用了以高速度、优先发展重工业、行政手段为特点的工业化运动。苏联从1929年到1940年工业年均增长速度高达16.8%。虽然工业化运动在短时间内建立起了比较完整的现代工业体系，但也造成了重工业过重、农业和轻工业过轻的畸形经济结构和过度集中的指令性计划管理体制。为了配合国家工业化，斯大林实行农业全盘集体化运动，建立起了各种形式的集体农庄。这种高度工业化运动和农业全盘集体化运动，均是在国家所采取的行政命令强制手段下施行的。这必然导致社会关系紧张、党群关系紧张。党内干部"大清洗"运动就是以全面压制的手段解决这种紧张关系。高度工业化、农业全盘集体化和党内干部"大清洗"运动最终催生了实行单一生产资料公有制和指令性计划经济、权力高度集中的经济政治体制。这种模式在特定的历史条件下促进了苏联经济社会快速发展，开创了社会主义现代化、工业化的新路，第一次显示了社会主义制度的优越性；也为苏联军民夺取反法西斯战争胜利发挥了重要作用，促进了世界社会主义阵营的形成。

社会主义国家在战后从苏联一国发展到多国，形成了从东欧到东亚，东西南北连成一体，拥有世界1/3人口和1/4土地的强大社会主义世界体系。共产党领导的社会主义国家达到了16个之多。这些人民民主国家的建立，是世界社会主义运动的历史性胜利，发展了十月社会主义革命的成果，丰富了科学社会主义的理论与实践，充分显示了社会主义制度的巨大优越性和旺盛生命力。苏联作为第一个社会主义国家，它建设社会主义的实践是其他社会主义国家进行建设的首要经验。从理论上来讲，对于任何经验的借鉴均要建立在对本国国情的正确分析基础上，但苏联却认为其社会主义实践经验具有普遍性，是其他政党和国家进行社会主义革命和建设所要遵循的普遍规律。在苏联的巨大压力下，许多东欧社会主义国家被迫照搬苏联模式，罔顾具体国情，导致苏联模式的应用出现巨大问题，最终酿成灾难。随着苏联模式本身弊端的逐渐显露，社会主义国家的体制改革也在20世纪50年代初逐渐提上日程。但由于积重难返，苏联在战后长达40年的时间里，多次错失社会主义改革的机会，最终导致社会矛盾加剧，为随后的苏联、东欧剧变和苏联模式的失败埋下了祸根。

20世纪80年代末90年代初，东欧掀起改革狂潮，但在短短几年里，局势就逐渐失去控制，东欧各社会主义国家相继发生剧变。1985年戈尔巴乔夫当选苏联共产党中央总书记。从他上台到1988年6月，苏联的改革仍然坚持共产党领导和社会主义方向。但从1988年苏共第十九次代表会议开始，戈尔巴乔夫开始实行所谓"人道的、民主的社会主义"路线，改革的方向发生重大改变。1991年12月21日，苏联的11个加盟共和国领导人签订议定书，决定成立"独立国家联合体"，正式宣布"苏维埃社会主义共和国联盟停止存在"，存在74年之久的第一个社会主义国家苏联自行解体。苏联解体、苏共解散，使世界社会主义遭受了重大挫折。但以中国为代表的其他社会主义国家立足本国实际，坚持科学社会主义基本原则与本国实际相结合，努力探索具有本国特色的社会主义。

三、中国特色社会主义的开创和发展历程

苏联、东欧发生剧变后，以科学社会主义为指导的共产党执政的社会主义国家减少到五个。这五个国家均在吸取苏联模式失

败教训的基础上，立足本国发展实际，努力探索社会主义发展新道路。中国共产党自1978年十一届三中全会以来，坚持以经济建设为中心，坚持四项基本原则，坚持改革开放，取得了举世瞩目的伟大成就。总结起来就是开辟了中国特色社会主义道路，形成了中国特色社会主义理论体系，确立了中国特色社会主义制度。习近平总书记在对社会主义500年历史的论述中，将中国特色社会主义实践分为新中国成立后的探索和改革开放后的发展两个阶段，两个阶段均属于世界社会主义500年的历史进程。

1. 新中国成立后中国共产党对社会主义的探索和实践

早在新民主主义革命时期，中国共产党就提出了成立新中国的基本构想。1927年以后，党的工作重点由城市转入农村，建立革命武装和工农政权，开创了以农村包围城市的革命道路。但在革命政权建设方面，从名称到具体组织形式均照搬苏联。抗日战争时期，中国共产党领导抗日民主根据地的建设，在政权名称、组织等方面与苏联有了区别，开始尝试摆脱苏联影响，探索中国未来发展的社会主义道路。

中华人民共和国成立之后，我们党开始探索和实践社会主义。中国共产党是第二个在一个大国领导社会主义革命和建设的无产阶级政党。以毛泽东同志为核心的党的第一代中央领导集体带领全党全国各族人民，在迅速医治战争创伤、恢复国民经济的基础上，创造性地进行社会主义改造，建立起社会主义基本制度。但是，如何在中国建设社会主义，是党面临的一个崭新课题。刚开始，我们只能学习苏联经验，但在实践中我们党很快就察觉到苏联模式的局限，提出要以苏为鉴，独立探索适合中国国情的社会主义建设道路。以毛泽东发表《论十大关系》《关于正确处理人民内部矛盾的问题》为主要标志，我们党对怎样建设社会主义有了自己新的重要认识。在后来的实践中，由于党在指导思想上"左"的错误，很多关于社会主义建设的正确思想没有得到贯彻落实，甚至发生了"文化大革命"这样全局性的、长时间的严重错误，使我们党在探索建设社会主义道路的历程中遭到严重挫折。尽管探索艰辛坎坷，但我们党取得的积极成果是极其宝贵的，为新的历史时期开创中国特色社会主义提供了宝贵经验、理论准备、物质基础。

新中国成立后，中国共产党在对社会主义的探索实践中初步形成了一系列的理论成果。第一，要善于调动一切积极因素为社会主义事业服务。1956年初毛泽东所作的《论十大关系》报告初步总结了我国社会主义建设的经验，明确提出以苏为鉴、独立自主地探索中国社会主义建设道路，标志着我们党探索中国社会主义建设道路的良好开端。《论十大关系》明确提出"努力把党内党外、国内国外的一切积极的因素，直接的、间接的积极因素全部调动起来"，为社会主义建设服务。第二，正确认识和处理社会主义社会主要矛盾的思想。社会主义改造完成之后，国内的社会矛盾和阶级关系发生重大变化，无产阶级同资产阶级的矛盾基本得到解决，但大量人民内部矛盾依然存在，逐步成为国家政治生活中居于主导地位的矛盾。事实上，马克思、恩格斯和列宁并未就社会主义社会的矛盾问题展开论述。中国共产党人结合本国实际，大胆创新，1957年2月毛泽东所作的《关于正确处理人民内部矛盾的问题》报告，系统阐述了社会主义社会矛盾的理论。在社会主义社会中，基本的矛盾仍然是生产关系和生产力之间的矛盾、上层建筑和经济基础之间的矛盾。之后，党的八大将我国社会主要矛盾概括为人民对于建立先进的工业国的要求同落后的农业国的现实之间的矛盾，是人民对于经济文化迅速发展的需要同当前经济文化不能满足人民需要的状况之间的矛盾。第三，走中国工业化道路的思想。毛泽东提出了以农业为基础、以工业为主导、以农轻重为序发展国民经济的总方针以及一整套"两条腿走路"的工业化发展思路。

中国共产党领导人民探索社会主义建设道路，巩固和发展了我国的社会主义制度，为开创中国特色社会主义提供了宝贵经验、理论准备和物质基础，同时丰富了科学社会主义的理论和实践。习近平总书记强调："我们党领导人民进行社会主义建设，有改革开放前和改革开放后两个历史时期，这是两个相互联系又有重大区别的时期，但本质上都是我们党领导人民进行社会主义建设的实践探索。中国特色社会主义是在改革开放历史新时期开创的，但也是在新中国已经建立起社会主义基本制度并进行了二十多年建设的基础上开创的。"①

2. 中国共产党作出进行改革开放的历史性决策、开创和发展中国特色社会主义

粉碎"四人帮"以后,特别是党的十一届三中全会以后,以邓小平同志为核心的党的第二代中央领导集体,重新确立了解放思想、实事求是的思想路线,彻底否定了"以阶级斗争为纲"的错误理论和实践,以巨大的政治勇气和理论勇气提出进行改革开放,并明确提出必须搞清楚什么是社会主义、怎样建设社会主义这个重大理论和实际问题。1982年,邓小平在党的十二大上发出响亮的号召:把马克思主义的普遍真理同我国的具体实际结合起来,走自己的道路,建设有中国特色的社会主义。经过实践探索,邓小平第一次比较系统地初步回答了在中国这样的经济文化比较落后的国家如何建设社会主义、如何巩固和发展社会主义的一系列基本问题,用新的思想观点继承和发展了马克思主义,开拓了马克思主义新境界,把对社会主义的认识提高到新的科学水平,创立了邓小平理论,成功开创了中国特色社会主义。党的十三届四中全会以后,以江泽民同志为核心的党的第三代中央领导集体,

---

① 《十八大以来重要文献选编》(上),中央文献出版社2014年版,第111—112页。

在国内外形势十分复杂、世界社会主义出现严重曲折的严峻考验面前捍卫了中国特色社会主义，依据新的实践确立了党的基本纲领、基本经验，确立了社会主义市场经济体制的改革目标和基本框架，确立了社会主义初级阶段的基本经济制度和分配制度，推进党的建设新的伟大工程，创立了"三个代表"重要思想，开创全面改革开放新局面，成功把中国特色社会主义推向21世纪。新世纪新阶段，以胡锦涛同志为总书记的党中央，强调坚持以人为本、全面协调可持续发展，提出构建社会主义和谐社会、加快生态文明建设，形成中国特色社会主义事业总体布局，着力保障和改善民生，促进社会公平正义，推动建设和谐世界，推进党的执政能力建设和先进性建设，形成了科学发展观，成功在新的历史起点上坚持和发展了中国特色社会主义。

党的十八大以来，以习近平同志为核心的党中央提出一系列新理念新思想新战略，出台一系列重大方针政策，推出一系列重大举措，推进一系列重大工作，解决了许多长期想解决而没有解决的难题，办成了许多过去想办而没有办成的大事，推动党和国家事业取得了全方位的、开创性的历史成就，发生了深层次的、根本性的历史变革。具体来讲，经济建设取得重大成就，经济结构不断优化，推动经济迈向更高发展水平；全面改革取得重大突破，全面改革的主体框架基本确立；民主法治建设迈出重大步伐；思想文化建设取得重大进展，文化走出去步伐加快，中国故事吸引

◇ 第一讲　社会主义500年与中国特色社会主义发展历程

世界目光；人民生活不断改善；生态文明建设成效显著，中国引导应对气候变化国际合作，成为全球生态文明建设的重要参与者、贡献者、引领者；强军兴军开创新局面；港澳台工作取得新进展；全方位外交布局深入展开；全面从严治党成效卓著。基于此，党的十九大明确指出，我国社会主要矛盾已经转化为人民日益增长的美好生活需要和不平衡不充分的发展之间的矛盾。同时，我们党作出了中国特色社会主义进入了新时代的重大政治判断。这是我国发展新的历史方位，这个新时代是中国特色社会主义的新时代，而不是别的什么新时代。

　　新时代呼唤并催生新思想，新思想指导并引领新时代。党的十八大以来，以习近平同志为核心的党中央坚持以马克思列宁主义、毛泽东思想、邓小平理论、"三个代表"重要思想、科学发展观为指导，坚持解放思想、实事求是、与时俱进、求真务实，坚持辩证唯物主义和历史唯物主义，紧密结合新的时代条件和实践要求，以全新的视野深化对共产党执政规律、社会主义建设规律、人类社会发展规律的认识，进行艰辛理论探索，取得重大理论创新成果，创立了习近平新时代中国特色社会主义思想。习近平新时代中国特色社会主义思想是党和人民实践经验和集体智慧的结晶，其主要创立者是习近平。习近平新时代中国特色社会主义思想内涵丰富，其中最主要、最核心的内容就是党的十九大报告所概括的"八个明确"，即明确坚持和发展中国特色社会主义，总任务是实现社会主义现代化和中华民族伟大复兴；明确新时代我国社会主要矛盾是人民日益增长的美好生活需要和不平衡不充分的发展之间的矛盾；明确中国特色社会主义事业总体布局是"五位一体"、战略布局是"四个全面"，强调坚定道路自信、理论自信、制度自信、文化自信；明确全面深化改革总目标是完善和发展中国特色社会主义制度、推进国家治理体系和治理能力现代化；明确全面推进依法治国总目标是建设中国特色社会主义法治体系、建设社会主义法治国家；明确党在新时代的强军目标是建设一支听党指挥、能打胜仗、作风优良的人民军队，把人民军队建设成为世界一流军队；明确中国特色大国外交要推动构建新型国际关系，推动构建人类命运共同体；明确中国特色社会主义最本质的特征是中国共产党领导，中国特色社会主义制度的最大优势是中国共产党领导，党是最高政治领导力量。

习近平新时代中国特色社会主义思想与马克思列宁主义、毛泽东思想、邓小平理论、"三个代表"重要思想、科学发展观既一脉相承又与时俱进，是马克思主义中国化的新飞跃，是当代中国马克思主义、21世纪马克思主义。习近平新时代中国特色社会主义思想开辟了马克思主义新境界，以全新视野深化了对共产党执政规律、社会主义建设规律和人类社会发展规律的认识，充分彰显了科学理论的强大生命力和中国共产党人的理论创造力，是当代最现实最鲜活的马克思主义。同时，习近平新时代中国特色社会主义思想开辟了中国特色社会主义新境界。中国特色社会主义是改革开放以来党的全部理论和实践的主题。习近平新时代中国特色社会主义思想系统阐述了民族复兴的深刻内涵、历史方位、实现路径和战略步骤,为实现中华民族伟大复兴的中国梦提供了强大精神力量,标注了正确前进方向,充分体现了中国特色社会主义理论自信,也向世界展示了社会主义的光明图景。

第二讲

马克思主义基本原理与中国化

　　马克思主义是关于自然界、人类社会、人类思维发展的一般规律的理论体系。"马克思主义揭示了事物的本质、内在联系及发展规律,是'伟大的认识工具',是人们观察世界、分析问题的有力思想武器;马克思主义具有鲜明的实践品格,不仅致力于科学'解释世界',而且致力于积极'改变世界'"。马克思主义自诞生以来就始终"占据着真理和道义的制高点"。历史和现实反复证明,马克思主义只有中国化才能在中国大地上闪耀真理光芒,也只有实现中国化才能救中国。马克思主义中国化就是把马克思主义基本原理同中国具体实际和时代特征结合起来,运用马克思主义的立场、观点、方法研究和解决中国革命、建设、改革中的实际问题;就是总结和提炼中国革命、建设、改革的实践经验,从而认识和掌握客观规律，为马克思主义理论宝库增添新的内容，就是运用中国人民喜闻乐见的民族语言来阐述马克思主义理论，使之成为具有中国特色、中国风格、中国气派的马克思主义。

在中国革命、建设、改革的历史进程中，马克思主义中国化实现了两次历史性飞跃。第一次历史性飞跃发生在新民主主义革命时期，形成了毛泽东思想。第二次历史性飞跃发生在社会主义进入改革开放的新时期，形成了包括邓小平理论、"三个代表"重要思想、科学发展观、习近平新时代中国特色社会主义思想在内的中国特色社会主义理论体系。马克思主义中国化的两大理论成果极大地丰富和发展了马克思主义，不断开辟了马克思主义在中国发展的新境界。

◇第二讲　马克思主义基本原理与中国化

一、马克思主义基本原理

马克思主义是由马克思和恩格斯创立并为后继者所不断发展的科学理论体系，是关于自然、社会和人类思维发展一般规律的学说，是关于社会主义必然代替资本主义、最终实现共产主义的学说，是关于无产阶级解放、全人类解放和每个人自由而全面发展的学说，是指引人民创造美好生活的行动指南。

马克思主义是一个博大精深的理论体系。马克思主义哲学、马克思主义政治经济学和科学社会主义是其三个基本组成部分。习近平总书记指出："马克思主义理论体系和知识体系博大精深，涉及自然界、人类社会、人类思维各个领域，涉及历史、经济、政治、文化、社会、生态、科技、军事、党建等各个方面，不下大力气、不下苦功夫是难以掌握真谛、融会贯通的。"[①]

1. 马克思主义哲学

辩证唯物主义：马克思写道："在黑格尔看来，思维过程，即他称为观念而甚至把它变成独立主体的思维过程，是现实事物的创造主（创造者、缔造者）……我的看法则相反，观念的东西

[①] 习近平：《在哲学社会科学工作座谈会上的讲话》，人民出版社2016年版，第11页。

不外是移入人的头脑并在人的头脑中改造过的物质的东西而已。"①恩格斯在《反杜林论》一书中写道："……世界的统一性并不在于它的存在，而在于它的物质性，这种物质性……是由哲学和自然科学的长期的和持续的发展来证明的。……运动是物质的存在方式。无论何时何地，都没有也不可能有没有运动的物质和没有物质的运动。……如果要问：究竟什么是思维和意识，它们是从哪里来的，那么就会发现，它们都是人脑的产物，而人本身是自然界的产物，是在他们的环境中并且和这个环境一起发展起来的；不言而喻，人脑的产物，归根到底亦即自然界的产物，并不同自然界的其他联系相矛盾，而是相适应的。""黑格尔是唯心主义者，就是说，在他看来，他头脑中的思想不是现实的事物和过程的多少抽象的反映，相反地，在他看来，事物及其发展只是在世界出现以前已经在某个地方存在着的'观念'的现实化的反映。"②

  恩格斯写道："在辩证哲学面前，不存在任何最终的东西、绝对的东西、神圣的东西；它指出所有一切事物的暂时性；在它面前，除了生成和灭亡的不断过程、无止境地由低级上升到高级的不断过程，什么都不存在。它本身就是这个过程在思维着的头脑中的反映。"因此，在马克思看来，辩证法就是"关于外部世界和人类思维的运

---

  ① 《列宁专题文集（论马克思主义）》，人民出版社2009年版，第8页。
  ② 恩格斯：《反杜林论》，人民出版社2018年版，第62页。

动的一般规律的科学。"①辩证唯物主义"不再需要任何凌驾于其他科学之上的哲学"。以往的哲学只留下了"关于思维及其规律的学说——形式逻辑和辩证法"。辩证法本身包括认识论的内容,这种认识论应当历史地观察自己的对象,研究并概括认识的起源和发展,从不知到知的转化。发展似乎是在重复以往的阶段,但它是以另一种方式重复,是在更高的基础上重复("否定的否定"),发展是按所谓螺旋式,而不是直线式进行的;发展是飞跃式的、剧变式的、革命的;"渐进过程的中断";量转化为质;发展的内因来自对某一物体,或在某一现象范围内,或某一社会内发生作用的各种力量和趋势的矛盾或冲突;每种现象的一切方面(而且历史在不断地揭示出新的方面)相互依存,极其密切而不可分割地联系在一起,这种联系形成统一的、有规律的世界运动过程,这就是辩证法这一内容更丰富的发展学说的若干特征。

历史唯物主义:既然唯物主义总是用存在解释意识而不是相反,那么应用于人类社会生活时,唯物主义就要求用社会解释社会意识。马克思在《政治经济学批判》序言中,对推广运用于人类社会及其历史的唯物主义的基本原理,作了如下完整的表述:"人们在自己生活的社会生产中发生一定的、必然的、不以他们的意志为转移的关系,即同他们的物质生产力的一定发展阶段相适应

---

① 《列宁专题文集(论马克思主义)》,人民出版社2009年版,第11页。

的生产关系。这些生产关系的总和构成社会的经济结构,即有法律的和政治的上层建筑竖立其上并有一定的社会意识形式与之相适应的现实基础。物质生活的生产方式制约着整个社会生活、政治生活和精神生活的过程。不是人们的意识决定人们的存在,相反,是人们的社会存在决定人们的意识。社会的物质生产力发展到一定阶段,便同它们一直在其中运动的现存生产关系或财产关系(这只是生产关系的法律用语)发生矛盾。这些关系便由生产力的发展形式变成生产力的桎梏。那时社会革命的时代就到来了。随着经济基础的变更,全部庞大的上层建筑也或慢或快地发生变革。"① 发现唯物主义历史观,或者更确切地说,把唯物主义贯彻和推广运用于社会现象领域,消除了以往的历史理论的两个主要缺点。马克思主义揭示了物质生产力的状况是所有一切思想和各种不同趋向的根源。

2. 马克思主义政治经济学

马克思在《资本论》序言中写道:"本书的最终目的就是揭示现代社会的经济运动规律。"研究这个历史上一定的社会的生产关系的发生、发展和衰落,就是马克思的经济学说的内容。在资本主义社会里,商品生产占统治地位,所以马克思的分析也就

---

① 《列宁专题文集(论马克思主义)》,人民出版社2009年版,第13页。

从分析商品入手。

商品一方面能满足人们的某种需要,另一方面能用来交换其他物品。物的有用性使其具有使用价值。交换价值(简称价值)首先是一定量的一种使用价值同一定量的另一种使用价值相交换的关系或比例。人们通过交换产品,使各种极不相同的劳动彼此相等。商品生产是一种社会关系体系,在这种社会关系体系中,各个生产者制造各种不同的产品(社会分工),而所有这些产品在交换中彼此相等。因此,一切商品的共同的东西,并不是某一生产部门的具体劳动,而是抽象的人类劳动,即一般的人类劳动。价值的大小由社会必要劳动量决定,或者说,由生产某种商品即某种使用价值所消耗的社会必要劳动时间决定。"作为价值,一切商品都只是一定量的凝固的劳动时间。"

商品生产发展到一定阶段,货币就转化为资本。马克思把投入周转的货币的原有价值的这种增加叫作剩余价值。为了获得剩余价值,"货币持有者就必须在市场上发现这样一种商品,它的使用价值本身具有成为价值源泉的特殊属性",它的使用过程同时也是价值的创造过程。这样的商品是存在的。这就是人的劳动力。它的使用就是劳动,而劳动则创造价值。货币所有者按劳动力的价值购买劳动力,而劳动力的价值,和其他任何商品的价值一样,是由生产劳动力所需要的社会必要劳动时间(即工人及其家属的生活费用的价值)决定的。货币所有者购买了劳动力,就有权使用劳动力，即迫使他整天劳动，譬如劳动12个小时。其实工人在6小时（"必要"劳动时间）内就创造出补偿其生活费用的产品，而在其余6小时（"剩余"劳动时间）内则创造出资本家没有付给报酬的"剩余"产品或者说剩余价值。

而资本积累加速机器对工人的排挤，在一极造成富有，在另一极造成贫困，因而产生所谓"劳动后备军"，即工人的"相对过剩"或"资本主义的人口过剩"。正是基于对资本主义规律的深刻分析，以及对无产阶级命运的关怀，马克思主义的第三个组成部分即科学社会主义的诞生成为必然。

3.科学社会主义

马克思、恩格斯在揭示人类社会发展一般规律的和资本主义发展特殊规律的基础上，科学论证了社会主义代替资本主义的历史必然性，阐明了无产阶级的历史使命，提出了无产阶级革命斗争的战略策略，科学预见了未来社会的基本特征，提出了从资本主义社会向共产主义社会过渡时期的理论，创立了科学社会主义学说，从根本上超越了空想社会主义，实现了社会主义从空想到科学的伟大飞跃。

科学社会主义一般原则是社会主义事业发展规律的集中体现，是马克思主义政党领导人民进行社会主义革命、建设、改革的基本遵循。第一，人类社会主义发展规律和资本主义基本矛盾是"资本主义必然灭亡、社会主义必然胜利"的根本依据。第二，无产阶级是最先进最革命的阶级，肩负着推翻资本主义旧世界、建立社会主义和共产主义新世界的历史使命。第三，无产阶级革命是无产阶级进行斗争的最高形式，以建立无产阶级专政的国家为目的。第四，社会主义社会要在生产资料公有制基础上组织生产，以满足全体社会成员的需要为生产的根本目的。第五，社会主义社会要对社会生产进行有计划的指导和调节，实行按劳分配原则。第六，社会主义社会要合乎自然规律地改造和利用自然，努力实现人与自然的和谐共生。第七，社会主义社会必须坚持科学的理论指导，大力发展社会主义先进文化。第八，无产阶级政党是无产阶级的先锋队，社会主义事业必须始终坚持无产阶级政党的领导。第九，社会主义社会要大力解放和发展生产力，逐步消灭剥削和消除两极分化，实现共同富裕和社会全面进步，并最终向共产主义社会过渡。

二、毛泽东思想

毛泽东思想是在革命和建设的长期实践中，以毛泽东为主要代表的中国共产党人，根据马克思列宁主义基本原理，形成的适合中国情况的科学指导思想，是被实践证明了的关于中国革命和建设的正确理论原则和经验总结,是中国共产党集体智慧的结晶。毛泽东思想以独创性理论丰富和发展了马克思列宁主义。在毛泽东思想的指导下,我们党团结带领中国人民进行长期浴血奋战,打败日本帝国主义,推翻国民党反动统治,完成新民主主义革命,成立了中华人民共和国,彻底结束了旧中国半殖民地半封建社会的历史,彻底结束了旧中国一盘散沙的局面,彻底废除了列强强加给中国的不平等条约和帝国主义在中国的一切特权,实现了中国从几千年封建专制政治向人民民主的伟大飞跃。近代以来历经磨难的中华民族从此站起来了。

毛泽东思想是在我国新民主主义革命、社会主义革命和社会主义建设的实践过程中,在总结我国革命和建设正反两方面历史经验的基础上,逐步形成和发展起来的。毛泽东思想紧紧围绕中国革命和建设的主题,提出了一系列相互关联的重要理论观点,构成了一个完整的科学思想体系。毛泽东思想在以下几个方面丰富和发展了马克思列宁主义。

1. 毛泽东思想的主要内容

毛泽东从中国的历史和现实出发,深刻研究中国革命的特点和规律,发展了马克思列宁主义关于无产阶级在民主革命中的领导权思想,创立了无产阶级领导的,工农联盟为基础的,人民大众的,反对帝国主义、封建主义和官僚资本主义的新民主主义理论。

一方面，认为中国资产阶级可以分为依附于帝国主义的大资产阶级和既有革命要求又有动摇性的民族资产阶级。无产阶级领导的统一战线要争取民族资产阶级参加，并且在面对外敌侵略的特殊条件下可以把一部分大地主资产阶级也包括在内，以求最大限度地孤立最主要敌人。在同资产阶级结成统一战线时，要保持无产阶级的独立性，实行又团结又斗争、以斗争求团结的政策。另一方面，认为由于帝国主义的侵略，加之中国没有资产阶级民主，因此中国革命只能以长期的武装斗争为主要形式。中国的武装斗争，是无产阶级领导的以农民为主体的战争，通过建立农村根据地，进行长期的革命斗争，发展和壮大革命力量，开创出一条以农村包围城市，最后夺取全国胜利的革命道路。

新民主主义革命胜利后，毛泽东领导我们党，依据新民主主义革命胜利所创造的向社会主义过渡的经济政治条件，采取社会主义工业化和社会主义改造并举的方针，实行逐步改造生产资料私有制的具体政策，从理论和实践上解决了在中国这样一个经济文化落后的大国建立社会主义的重大难题。毛泽东提出的把对人民内部的民主和对敌人的专政互相结合起来就是人民民主专政的理论，丰富了马克思列宁主义关于无产阶级专政的学说。在社会主义制度建立以后，毛泽东又领导全党和全国人民积极探索中国的社会主义建设道路，提出了一系列正确思想和方针。如：人民内部要在政治上实行"团结—批评—团结"，在党与民主党派的关系上实行"长期共存、互相监督",在科学文化工作中实行"百花齐放、百家争鸣",在经济工作中实行"统筹兼顾、适当安排"等一系列正确方针。这一时期形成的关于社会主义革命和建设的重要思想,集中体现于毛泽东《在中国共产党第七届中央委员会第二次全体会议上的报告》《论人民民主专政》《论十大关系》《关于正确处理人民内部矛盾的问题》等著作中。

毛泽东系统解决了如何把以农民为主要成分的革命军队建设成为一支无产阶级性质的、具有严格纪律的、同人民群众保持亲密联系的新型人民军队的问题。他规定了全心全意为人民服务是人民军队的唯一宗旨,规定了党指挥枪的原则,制定了三大纪律、八项注意,强调实行政治、经济、军事三大民主,实行官兵一致、军民一致和瓦解敌军的原则,提出和总结了一套军队政治工作的方针和方法。他在总结党的长期革命战争经验的基础上,系统提出了建设人民军队的思想,提出以人民军队为骨干,依靠人民群众,建立农村根据地,进行人民战争的思想,同时他认为游击战和带游击战性质的运动战才是中国革命战争在长时期内的主要作战形式。

2. 毛泽东思想活的灵魂

毛泽东把辩证唯物主义和历史唯物主义运用于党的全部工作,在中国革命和建设的长期艰苦奋斗中形成了具有中国共产党人特色的立场、观点和方法,丰富和发展了马克思列宁主义。1981年

◇第二讲 马克思主义基本原理与中国化

党的十一届六中全会通过的《中国共产党中央委员会关于建国以来党的若干历史问题的决议》指出：贯穿于毛泽东思想各个组成部分的立场、观点和方法，是毛泽东思想的活的灵魂，即实事求是，群众路线，独立自主。

实事求是，就是一切从实际出发，理论联系实际，坚持在实践中检验真理和发展真理。习近平总书记在纪念毛泽东同志诞辰120周年座谈会上指出："实事求是，是马克思主义的根本观点，是中国共产党人认识世界、改造世界的根本要求，是我们党的基本思想方法、工作方法、领导方法。不论过去、现在和将来，我们都要坚持一切从实际出发，理论联系实际，在实践中检验真理和发展真理。"[①] 坚持实事求是，就要清醒认识和正确把握我国基本国情。任何超越现实、超越阶段而急于求成的倾向都要努力避免，任何落后于实际、无视深刻变化着的客观事实而因循守旧、固步自封的观念和做法都要坚决纠正。我们要及时总结党领导人民在实践中创造的新鲜经验，形成和发展中国化的马克思主义理论成果，不断开辟马克思主义中国化新境界。

群众路线，就是一切为了群众，一切依靠群众，从群众中来，到群众中去，把党的正确主张变为群众的自觉行动。群众路线是以毛泽东为主要代表的中国共产党人坚持把马克思列宁主义关于

---

① 《十八大以来重要文献选编》（上），中央文献出版社2014年版，第695页。

人民群众是历史创造者的原理，系统地运用在党的全部活动中所形成的党的根本工作路线。群众路线本质上体现的是马克思主义关于人民群众是历史的创造者这一基本原理。只有坚持这一基本原理，我们才能把握历史前进的基本规律。坚持群众路线，就要坚持人民是推动历史发展的根本力量。毛泽东指出："人民，只有人民，才是创造世界历史的动力。"[①]必须尊重人民首创精神，调动最广大人民的积极性、主动性、创造性，充分发挥人民群众的历史推动作用。坚持群众路线，就要坚持全心全意为人民服务的根本宗旨。坚持群众路线，就要保持党同人民群众的血肉联系。

独立自主，就是坚持独立思考，走自己的路，就是坚定不移地维护民族独立、捍卫国家主权，把立足点放在依靠自己力量的基础上，同时积极争取外援，开展国际经济文化交流，学习外国一切对我们有益的先进事物。独立自主是中华民族的优良传统，是中国共产党、中华人民共和国立党立国的重要原则，是我们党从中国实际出发、依靠党和人民力量进行革命、建设、改革的必然结论。坚持独立自主，就要坚持中国的事情必须由中国人民自己处理。坚持独立自主，就要坚持独立自主的和平外交政策，坚定不移地走和平发展道路。

---

① 《毛泽东思想年编（一九二一——一九七五）》，中央文献出版社2011年版，第417页。

三、邓小平理论、"三个代表"重要思想、科学发展观

中国特色社会主义这条道路来之不易,它是在改革开放40多年的伟大实践中走出来的,是在中华人民共和国成立70多年的持续探索中走出来的,是在对近代以来180多年中华民族发展历程的深刻总结中走出来的,是在对中华民族5000多年悠久文明的传承中走出来的,具有深厚的历史渊源和广泛的现实基础。中国特色社会主义,是科学社会主义理论逻辑和中国社会发展历史逻辑的辩证统一,是根植于中国大地、反映中国人民意愿、适应中国和时代发展进步要求的科学社会主义,是全面建成小康社会、加快推进社会主义现代化、实现中华民族伟大复兴的必由之路。

1. 邓小平理论

1978年召开的党的十一届三中全会,实现了新中国成立以来党的历史上具有深远意义的伟大转折,开启了改革开放和社会主义现代化建设历史新时期。以邓小平为主要代表的中国共产党人,重新确立了实事求是的思想路线,在总结国内国外社会主义建设的历史经验特别是改革开放以来新鲜经验的基础上,鲜明地回答了什么是社会主义、怎样建设社会主义这个首要的基本的理论问题,逐步形成了建设中国特色社会主义的路线、方针、政策,阐明了在中国建设社会主义、巩固和发展社会主义的基本问题,创

立了邓小平理论，开辟了建设中国特色社会主义的正确道路，推进了马克思主义的中国化。在邓小平理论的指导下，20世纪的中国又一次发生了翻天覆地的变化，开启了中华民族"富起来"的新征程。

邓小平理论是在和平与发展成为时代主题的历史条件下，在总结我国社会主义胜利和挫折的历史经验并借鉴其他社会主义国家兴衰成败历史经验的基础上，在我国改革开放和现代化建设的实践中逐步形成和发展起来的。和平与发展成为时代主题是邓小平理论形成的时代背景，社会主义建设的经验教训是邓小平理论形成的历史根据，改革开放和现代化建设的实践是邓小平理论形成的现实依据。1997年召开的党的十五大正式提出"邓小平理论"这一概念，深刻阐述了邓小平理论的历史地位和指导意义。邓小平理论贯穿解放思想、实事求是的思想路线，围绕着"什么是社会主义、怎样建设社会主义"这个基本的理论问题，第一次比较系统地初步回答了建设中国特色社会主义的一系列基本问题，包括社会主义初级阶段理论、党的基本路线、社会主义根本任务的理论、"三步走"战略、改革开放理论、社会主义市场经济理论、"两手抓，两手都要硬""一国两制"、中国问题的关键在于党等十个方面，形成了一个比较完备的科学体系。

2."三个代表"重要思想

20世纪80年代末90年代初,面对严峻复杂的国内外形势,以江泽民为主要代表的中国共产党人,科学判断形势,全面把握大局,进行艰辛探索,从容面对困难和风险,全面推进社会主义现代化建设,在建设中国特色社会主义的实践中,加深了对什么是社会主义、怎样建设社会主义和建设什么样的党、怎样建设党的认识,积累了治党治国新的宝贵经验,形成了"三个代表"重要思想。

"三个代表"重要思想是加强和改进党的建设、推进我国社会主义自我完善和发展的强大理论武器,丰富和发展了中国特色社会主义理论体系,成功把中国特色社会主义推向了21世纪。"三个代表"重要思想是在对冷战结束后国际局势科学判断基础上形成的,是在科学判断党的历史方位和总结历史经验的基础上提出来的,是在建设中国特色社会主义伟大实践的基础上形成的。"中国共产党必须始终代表中国先进生产力的发展要求,代表中国先进文化的前进方向,代表中国最广大人民的根本利益。"这是对"三个代表"重要思想的集中概括。具体来讲,"三个代表"重要思想的主要内容分为五个方面。

第一,发展是党执政兴国的第一要务。只有发展,才能实现全面建设小康社会的宏伟目标,进一步提高人民的物质文化生活水平;才能增强我国的综合国力,实现中华民族的伟大复兴。第二,建立社会主义市场经济体制。在社会主义条件下发展市场经济，实现了改革开放新的历史性突破，打开了我国经济、政治和文化发展的崭新局面。第三，全面建设小康社会。江泽民提出21世纪头20年是全面建设小康社会的阶段，形成了"两个一百年"的奋斗目标，符合我国国情，符合人民愿望。第四，建设社会主义政治文明。在党的十六大报告中，江泽民把社会主义物质文明、政治文明、精神文明一起确立为社会主义现代化全面发展的三大基本目标，从而使中国特色社会主义的理论和实践进一步走向成熟和完善。第五，推进党的建设新的伟大工程。江泽民围绕建设什么样的党、怎样建设党，强调要从新的实际出发，始终保持党的先进性和纯洁性。

3. 科学发展观

进入新世纪新阶段，以胡锦涛为主要代表的中国共产党人，抓住重要战略机遇期，在全面建设小康社会进程中，不断推进实践创新、理论创新、制度创新，根据新的发展要求，深刻认识和回答了新形势下实现什么样的发展、怎样发展等重大问题，形成了以人为本、全面协调可持续发展的科学发展观。科学发展观是马克思主义关于发展的世界观和方法论的集中体现，是马克思主义中国化的重大成果，在新的历史起点上坚持和发展了中国特色社会主义。科学发展观是我们党坚持以马克思列宁主义、毛泽东思想、邓小平理论和"三个代表"重要思想为指导,在准确把握世界发展趋势、认真总结我国发展经验、深入分析我国发展阶段性特征的基础上提出来的。科学发展观,第一要义是发展,核心是以人为本,基本要求是全面协调可持续,根本方法是统筹兼顾。具体来讲,科学发展观的主要内容分为以下六个方面。

第一,加快转变经济发展方式。科学发展观强调要全面深化经济体制改革、实施创新驱动发展战略、推动经济结构战略性调整、促进区域协调发展、优化城乡经济结构、推动城乡发展一体化。第二,发展社会主义民主政治。科学发展观强调,发展社会主义民主政治,必须坚定不移走中国特色社会主义政治发展道路,坚持党的领导、人民当家作主、依法治国的有机统一。第三,推进社会主义文化强国建设。要树立高度的文化自觉和文化自信,兴起社会主义文化建设新高潮,提高国家文化软实力。第四,构建社会主义和谐社会。社会和谐是中国特色社会主义的本质属性。第五,推进生态文明建设。实质上就是要建设以资源环境承载力为基础、以自然规律为准则、以可持续发展为目标的资源节约型、环境友好型社会。第六,全面提高党的建设科学化水平。科学发展观强调,执政能力建设是党执政后的一项根本建设。

四、习近平新时代中国特色社会主义思想

党的十八大以来，以习近平同志为主要代表的中国共产党人以巨大的政治勇气和强烈的责任担当，提出一系列新理念新思想新战略，从理论和实践结合上系统回答了新时代坚持和发展什么样的中国特色社会主义、怎样坚持和发展中国特色社会主义这个重大时代课题，创立了习近平新时代中国特色社会主义思想。在习近平新时代中国特色社会主义思想指导下，中国共产党领导全国各族人民，统揽伟大斗争、伟大工程、伟大事业、伟大梦想，推动中国特色社会主义进入了新时代，推动中华民族迎来了从站起来、富起来到强起来的伟大飞跃。习近平新时代中国特色社会主义思想，是对马克思列宁主义、毛泽东思想、邓小平理论、"三个代表"重要思想、科学发展观的继承和发展，是马克思主义中国化最新成果，是党和人民实践经验和集体智慧的结晶，是中国特色社会主义理论体系的重要组成部分，是全党全国人民为实现中华民族伟大复兴而奋斗的行动指南。

中国共产党第十九次全国代表大会把习近平新时代中国特色社会主义思想确立为党必须长期坚持的指导思想并庄严地写入党章，实现了党的指导思想的与时俱进。这是一个历史性决策和历史性贡献，体现了党在政治上理论上的高度成熟、高度自信。第

◇ 第二讲　马克思主义基本原理与中国化

十三届全国人民代表大会第一次会议通过的宪法修正案，郑重地把习近平新时代中国特色社会主义思想载入宪法，实现了国家指导思想的与时俱进，反映了全国各族人民共同意志和全社会共同意愿。习近平新时代中国特色社会主义思想，是新时代中国共产党的思想旗帜，是国家政治生活和社会生活的根本指针，是当代中国马克思主义、21世纪马克思主义。

1. 新时代、新征程

社会主义从来都是在奋勇开拓中前进的，必定随着形势和条件的变化而不断向前发展。习近平总书记指出："经过长期努力，中国特色社会主义进入了新时代，这是我国发展新的历史方位。"① 这一重大政治论断，赋予党的历史使命、理论遵循、目标任务以新的时代内涵，为我们深刻把握当代中国发展的新阶段新特征、科学制定党的路线方针政策提供了时代坐标和基本依据。时代的发展有一个从量变到质变的过程，在量变中蕴含和孕育着质变，质变是量变的必然结果，同时又开启新的量变。回顾党领导人民的奋斗历程，革命也好，建设也好，改革也好，都经历了从量的积累到质的飞跃的不同发展阶段。坚持和发展中国特色社会主义，

---

① 习近平：《决胜全面建成小康社会　夺取新时代中国特色社会主义伟大胜利——在中国共产党第十九次全国代表大会上的报告》，人民出版社2017年版，第10页。

必须把握时代特点、直面时代课题，在体现时代性、把握规律性、富于创造性中不断展现蓬勃的生机活力。

明确中国特色社会主义进入新时代，这是我们党在科学把握世情国情党情深刻变化的基础上，作出的一项关系全局的重大战略考量，进一步彰显了中国共产党与时代共同进步的先进性本色，体现了把握历史规律和历史趋势的高度自觉和高度自信。中国特色社会主义进入新时代，在中华人民共和国发展史上、中华民族发展史上具有重大意义，在世界社会主义发展史上、人类社会发展史上也具有重大意义。这意味着，近代以来久经磨难的中华民族迎来了从站起来、富起来到强起来的伟大飞跃，迎来了实现中华民族伟大复兴的光明前景。这意味着，科学社会主义在21世纪的中国焕发出强大生机活力，在世界上高高举起了中国特色社会主义伟大旗帜。这意味着，中国特色社会主义道路、理论、制度、文化不断发展，拓展了发展中国家走向现代化的途径，给世界上那些既希望加快发展又希望保持自身独立性的国家和民族提供了全新选择，为解决人类问题贡献了中国智慧和中国方案。

习近平总书记强调，"新时代是中国特色社会主义新时代，而不是别的什么新时代"。[①] 这个新时代，既同改革开放以来的发展历程一脉相承，又体现了很多与时俱进的新特征，内涵丰富、

---

① 《习近平新时代中国特色社会主义思想三十讲》，学习出版社2018年版，第58页。

意蕴深远。这个新时代，是承前启后、继往开来、在新的历史条件下继续夺取中国特色社会主义伟大胜利的时代。我们党带领人民成功开创、发展了中国特色社会主义道路，创造了一个个举世瞩目的中国奇迹。在新时代，我们党治国理政第一位的任务，就是紧紧围绕坚持和发展中国特色社会主义这个主题，适应中国特色社会主义发展的新要求，接力探索，接续奋斗，让社会主义在中国展现出更加强大的生命力。

2. 习近平新时代中国特色社会主义思想的主要内容

习近平新时代中国特色社会主义思想的核心内容是"八个明确"和"十四个坚持"。"八个明确"，就是明确坚持和发展中国特色社会主义，总任务是实现社会主义现代化和中华民族伟大复兴，在全面建成小康社会的基础上，分两步走在本世纪中叶建成富强民主文明和谐美丽的社会主义现代化强国；明确新时代我国社会主要矛盾是人民日益增长的美好生活需要和不平衡不充分的发展之间的矛盾，必须坚持以人民为中心的发展思想，不断促进人的全面发展、全体人民共同富裕；明确中国特色社会主义事业总体布局是"五位一体"、战略布局是"四个全面"，强调坚定道路自信、理论自信、制度自信、文化自信；明确全面深化改革总目标是完善和发展中国特色社会主义制度、推进国家治理体系和治理能力现代化；明确全面推进依法治国总目标是建设中国特色社会主义法治体系、建设社会主义法治国家；明确党在新时代的强军目标是建设一支听党指挥、能打胜仗、作风优良的人民军队，把人民军队建设成为世界一流军队；明确中国特色大国外交要推动构建新型国际关系，推动构建人类命运共同体；明确中国特色社会主义最本质的特征是中国共产党领导，中国特色社会主义制度的最大优势是中国共产党领导，党是最高政治领导力量，提出新时代党的建设总要求，突出政治建设在党的建设中的重要地位。

"十四个坚持"，就是坚持党对一切工作的领导，坚持以人民为中心，坚持全面深化改革，坚持新发展理念，坚持人民当家作主，坚持全面依法治国，坚持社会主义核心价值体系，坚持在发展中保障和改善民生，坚持人与自然和谐共生，坚持总体国家安全观，坚持党对人民军队的绝对领导，坚持"一国两制"和推进祖国统一，坚持推动构建人类命运共同体，坚持全面从严治党。"八个明确""十四个坚持"有机融合、有机统一，凝结着我们党坚持和发展中国特色社会主义的宝贵经验，反映了以习近平同志为核心的党中央对中国特色社会主义规律性认识的深化、拓展、升华，体现了理论与实际相结合、认识论和方法论相统一的鲜明特色。

3.习近平新时代中国特色社会主义思想的历史地位

当代中国正处于近代以来最好的发展时期。在新中国成立以来特别是改革开放以来取得的重大成就基础上，我国发展站到了新的历史起点上。社会生产力水平总体上显著提高，国家经济实力、科技实力、国防实力、综合国力、国际影响力显著提升。我们具备过去难以想象的良好发展条件，但也面临着许多前所未有的困难和挑战。以习近平同志为核心的党中央，以巨大的政治勇气和强烈的责任担当，提出一系列新理念新思想新战略，出台一系列重大方针政策，推出一系列重大举措，推进一系列重大工作，解决了许多长期想解决而没有解决的难题，办成了许多过去想办而没有办成的大事，推动党和国家事业取得历史性成就、发生历史性变革。习近平新时代中国特色社会主义思想，正是在中华民族迎来从站起来、富起来到强起来的伟大飞跃中创立并不断丰富发展的。

在当代中国，坚持和发展习近平新时代中国特色社会主义思想，就是真正坚持和发展马克思主义，就是真正坚持和发展科学社会主义。必须高举马克思主义、中国特色社会主义伟大旗帜不动摇，必须坚持习近平新时代中国特色社会主义思想指导地位不动摇！

第三讲

历史和人民选择了中国共产党

中国共产党的领导地位是中国历史发展的必然结果，是历史和人民的选择。1840年鸦片战争后，中国人民为了民族独立、国家富强进行了不懈的英勇斗争，但最终都未能使中国摆脱半殖民地半封建社会的命运。直到1921年中国共产党诞生之后，才使得中国革命的面目焕然一新。通过国民革命、土地革命、抗日战争和解放战争，中国共产党领导中国人民终于推翻了帝国主义、封建主义和官僚资本主义在中国的统治，成立了中华人民共和国，取得了新民主主义革命的伟大胜利。新中国成立后，中国共产党创造性地完成了三大改造，在中国确立了社会主义制度，并一直领导中国人民克服重重困难，取得了社会主义建设的巨大成就。尽管其中也为失误付出了巨大的代价，但党的十一届三中全会以后，中国共产党重新确立了解放思想、实事求是的思想路线，认真纠正了自己的错误。在以邓小平为核心的第二代中央领导集体带领下，成功地走出了一条建设中国特色社会主义的道路。中国百年巨变得出的结论是：中国共产党的领导地位，不是自封的，而是历史和人民的选择，也只有中国共产党才能领导中国人民取得民族独立、人民解放和社会主义的胜利，才能开创建设中国特色社会主义的道路，实现民族振兴、国家富强和人民幸福。

◇ 第三讲 历史和人民选择了中国共产党

一、鸦片战争与中国近代史的开端

中国是世界上少有的历史文化从未间断、一直延续至今的国家。中华文明尽管也历尽沧桑,却始终绵延发展、传承不绝,表现出顽强的生命力。这体现了中华民族的凝聚力和以爱国主义为核心的民族精神。自公元前5世纪的战国时代到1840年鸦片战争,中国的封建社会前后延续了2000多年。17世纪下半叶至18世纪,清朝康熙、雍正、乾隆年间,是中国封建社会后期的鼎盛时期,但同时也走向了封建社会的末世。到了鸦片战争前夜的嘉庆、道光年间,清王朝衰相尽显,潜伏着许多危机,而且闭关自守,固步自封。中国已经落后于西方资本主义国家。

1. 近代中国的主要矛盾和历史任务

16—19世纪初,中国还处于封建社会晚期的兴衰更替之时,西方资本主义已经产生、发展,西方殖民主义势力也随之向外扩张。西方资本主义的发展及其向东方的殖民扩张,使古老的中国遇到了空前严重的挑战,面临着极其深刻的生存危机。1840年,英国发动了侵略中国的鸦片战争。中国历史的发展从此发生重大转折。

1842年8月29日,清政府派钦差大臣耆英、伊里布与英国签订了中国近代史上第一个不平等条约《南京条约》。接着,1843

年10月，签订了中英《虎门条约》。美国、法国等西方列强趁火打劫，逼迫清政府与之签订不平等条约，如1844年7月签订的中美《望厦条约》，10月签订的中法《黄埔条约》。通过这一系列不平等条约，英国等西方列强在中国攫取了大量侵略特权。随着外国资本主义的入侵，中国的封建社会逐步变成了半殖民地半封建社会。

鸦片战争前的中国社会是封建社会。鸦片战争以后，随着外国资本—帝国主义的入侵，中国社会发生了两个根本性的变化：其一，独立的中国逐步变成半殖民地的中国；其二，封建的中国逐步变成半封建的中国。近代中国半殖民地半封建社会的矛盾，呈现错综复杂的状况，其中占支配地位的主要矛盾，是帝国主义和中华民族的矛盾、封建主义和人民大众的矛盾。这两对主要矛盾及其斗争贯穿整个中国半殖民地半封建社会的始终，并对中国近代社会的发展变化起着决定性的作用。近代以来，中国人民除了继续遭受本国残酷的封建压迫以外，更遭受了外国资本—帝国主义势力残暴的民族压迫。亡国灭种的阴影，笼罩在中国人的心头。近代中国人民的斗争，主要是以挽救中华民族的危亡为出发点的。

资本—帝国主义列强对中国的侵略，首先和主要的是进行军事侵略。它们依仗先进的武器和军事技术，或者进行武力威胁，或者发动侵略战争，或者武装干涉中国的内政，甚至直接出兵镇压中国革命。这种军事侵略是逐步升级的，从骚扰、蚕食中国沿海、边疆，到割占中国大片领土，甚至企图瓜分中国。为了统治中国，资本—帝国主义列强在政治上采取的主要方式，是控制中国政府，操纵中国的内政、外交，把中国当权者变成自己的代理人和驯服工具。资本—帝国主义列强对中国进行经济侵略的方式，除了强迫中国支付巨额的战争赔款外，主要是利用其与清政府签订的不平等条约赋予的特权，进一步扩大对中国的商品倾销和资本输出，进行掠夺和榨取，逐步把中国卷入资本主义的世界市场。资本—帝国主义列强在对中国实行军事侵略、政治控制、经济掠夺的同时，还对中国进行文化渗透。其目的是宣扬殖民主义奴化思想，麻醉中国人民的精神，摧毁中国人的民族自尊心和自信心。

资本—帝国主义侵略、压迫中国人民的过程，同时也是中国人民反抗它们的侵略、压迫的过程。为了捍卫民族生存的权利，实现民族复兴，中国人民在长时间里进行了不屈不挠、英勇的反侵略战争。但是，历次的反侵略战争均以中国失败、中国政府被迫签订丧权辱国的条约而宣告结束。但是，列强发动的侵华战争以及中国反侵略战争的失败，从反面教育了中国人民，极大地促进了中国人的思考、探索和奋起。鸦片战争以后，先进的中国人开始睁眼看世界了；中日甲午战争以后，中国人民的民族意识开始普遍觉醒。

2. 对国家出路的早期探索

随着资本—帝国主义的入侵，中国的民族危机和社会危机日益加深，社会各阶级都面临着"怎么办"的问题。农民阶级、地主阶级洋务派、资产阶级维新派、资产阶级革命派从各自的阶级立场出发，对国家的出路进行探索，先后提出了不同的主张和方案。

⊙ 太平天国农民战争

农民是外国侵略者和本国封建统治者的主要压迫对象和反抗力量。长期以来，中国广大农民在封建地主的压迫、剥削下，过着极其贫困和不自由的生活。鸦片战争失败以后，为支付对列强的巨额赔款，同时也为了弥补财政亏空，清政府加重了赋税的征收科派，农民的负担更为沉重。鸦片贸易在战后进一步泛滥，导致白银外流、银贵钱贱的现象更加严重，又额外增加了农民的负担。残酷的压迫和剥削，迫使广大人民尤其是农民群众走上反抗斗争的道路。1842年至1850年间，全国各族人民的反清起义在百次以上。清政府调兵镇压，但群众斗争此起彼伏，酝酿着更大规模的反抗。太平天国农民起义就是在这种情况下爆发的。

1851年1月，洪秀全率拜上帝教教众在广西桂平县金田村发动起义，建号太平天国。1853年3月，占领南京，定为首都，改名天京，正式宣告太平天国农民政权的建立。太平天国定都天京后，进行了一系列制度建设，并颁布了《天朝田亩制度》，试图建立"有田同耕,有饭同食,有衣同穿,有钱同使,无处不均匀,无人不饱暖"的理想社会。太平天国后期还颁布了《资政新篇》,这是一个具有资本主义色彩的方案。但是限于当时的历史条件,未能付诸实施。

从天京事变到太平天国败亡,太平天国起义者们想要建立一个以"天王"为首的农民政权。在以小农业和家庭手工业相结合的分散的小生产的基础上,虽然可以建立暂时的劳动者政权,但它最终还是会向封建专制政权演变的。太平天国起义虽然失败了,但它沉重打击了封建统治阶级,强烈撼动了清政府的统治根基,加速了清王朝的衰败过程。

⊙ 洋务运动

洋务运动是在19世纪60年代初清政府镇压太平天国起义的过程中和第二次鸦片战争结束后兴起的。为了挽救清政府的统治危机,封建统治阶级中的部分成员如奕䜣、曾国藩、李鸿章、左宗棠、张之洞等,主张引进、仿造西方的武器装备和学习西方的科学技术,创设近代企业,兴办洋务。洋务派兴办洋务事业,首先是为了购买和制造洋枪洋炮以镇压农民起义,同时也有借此加强海防、边防,并乘机发展本集团的政治、经济、军事实力的意图。从19世纪60—90年代,洋务派举办的洋务事业归纳起来有三方面:一是兴办近代企业;二是建立新式海陆军;三是创办新式学堂,派遣留学生。

洋务派提出"自强""求富"的主张，通过所掌握的国家权力集中力量优先发展军事工业，同时也试图"稍分洋商之利"，发展若干民用企业，在客观上对中国的早期工业和民族资本主义的发展起了某些促进作用。但是洋务派兴办洋务新政，主要是为了维护封建统治，并不是要使中国朝着独立的资本主义方向发展。

洋务运动历时30多年，虽然办起了一批企业，建立了海军，但却没有使中国富强起来。甲午战争一役，北洋海军全军覆没，标志着以"自强""求富"为目标的洋务运动的失败。就其失败原因来看，第一，洋务运动具有封建性。洋务运动的指导思想是"中学为体，西学为用"，但新的生产力是同封建主义的生产关系及其上层建筑不相容的，是不可能在封建主义的桎梏下充分地发展起来的。第二，洋务运动对列强具有依赖性。西方列强从政治、经济等各方面加紧对中国的侵略和控制，它们并不希望中国真正富强起来。第三，洋务企业的管理具有腐朽性。洋务派所创办的一些新式企业虽然具有一定的资本主义性质，但其管理基本上仍是封建衙门式的。

⊙ 戊戌维新运动

19世纪90年代以后，中国民族资本主义有了初步发展。新兴的民族资产阶级迫切要求挣脱外国资本主义和国内封建势力的压迫和束缚，为在中国发展资本主义开辟道路。甲午战争的惨败，造成了新的民族危机，激发了新的民族觉醒。而站在救亡图存和变法维新前列的，正是代表民族资本主义发展要求的知识分子。他们把向西方学习推进到一个新的高度，即不但要求学习西方的科学技术，而且要求学习西方资本主义的政治制度和思想文化。

在康有为、梁启超、谭嗣同等维新派的推动和策划下，富有爱国心、想要有所作为但又无实权的年轻的光绪皇帝也希望通过变法维新来救亡图存，并从以慈禧太后为首的后党手中夺取统治大权。1898年6月11日，他颁布了"明定国是"谕旨，宣布开始变法，并在此后的103天中，接连发布了一系列推行新政的政令，史称戊戌变法，又称"百日维新"。"百日维新"期间颁布的各项政令大多是接受了维新派的建议而制定的，旨在开放一定程度的言论、出版、结社自由，使资产阶级享受一定程度的政治权利，促进资本主义工商业的发展，因此，戊戌维新是一场资产阶级性质的改良运动。但是在光绪皇帝发布的新政诏令中，并没有采纳维新派多次提出的开国会等政治主张。这些政令和措施并未触及封建制度的根本，所要推行的是一种十分温和的不彻底的改革方案。即便如此，由于中央和地方守旧官僚们的抵制，"百日维新"如同昙花一现，只经历了103天就夭折了。除京师大学堂（北京大学的前身）被保留下来以外，其余新政措施大都被废除，维新派人士和参与或同情变法的官员，或被囚禁，或被革职，或遭放逐。以慈禧太后为首的保守势力扼杀维新变法的政变，史称"戊戌政变"。戊戌维新运动宣告失败。

戊戌维新作为中国民族资产阶级登上政治舞台的第一次表演，竟失败得这么快，这不但暴露了这个阶级的软弱性，同时也说明在半殖民地半封建的旧中国，企图通过统治者走自上而下的改良的道路，是根本行不通的。要想争取国家的独立、民主、富强，必须用革命的手段，推翻帝国主义、封建主义联合统治的半殖民地半封建的社会制度。

二、辛亥革命与君主专制制度的终结

戊戌维新运动失败后，以孙中山为代表的革命派在中国掀起了一场资产阶级革命运动。这场革命的发生，是当时民族危机加深、社会矛盾激化的结果，具有历史的必然性。它是当时中国人民争取民族独立、振兴中华深切愿望的集中反映，是当时中国人民为救亡图存而前赴后继顽强斗争的集中体现。

1. 辛亥革命的历史背景

20世纪初，帝国主义列强在迫使中国签订《辛丑条约》以后，加强了对清政府的政治控制，多方扩展在华经济势力。外国在华投资规模急速扩张，包括扩大设厂规模和给清政府大量高息贷款，

◇ 第三讲　历史和人民选择了中国共产党

而铁路、矿山的利权更成为帝国主义掠夺的重要目标。为了对外支付巨额赔款等，10多年间，清政府的财政开支激增4倍之多。在清朝的最后几年里，各种旧税一次又一次被追加，种种巧立名目的新税更是层出不穷，各级官吏还要中饱私囊，致使民怨沸腾。社会矛盾进一步激化了。

正是在中外反动派的严重压迫下，20世纪初，各阶层人民的斗争风起云涌，遍及全国。从1902年至1911年间，各地较大规模的民变多达1300余起。其中包括各阶层人民的反洋教斗争，农民、手工业者的抗租、抗捐、抗税斗争，工人的罢工斗争，商人的罢市斗争，少数民族与会党的起事等。同时，还发生了拒俄、拒法、抵制美货等爱国运动以及收回利权运动和保路运动等。在一些运动中，资产阶级开始成为主要的角色。

1901年《辛丑条约》的签订，标志着以慈禧太后为首的清政府已经彻底放弃了抵抗外国侵略者的念头，甘当"洋人的朝廷"；同时也使国人对清政府更为失望，国内要求变革的呼声日渐高涨。为了摆脱困境，清政府于1901年4月成立督办政务处，宣布实行"新政"。此后，陆续推行了一些方面的改革。迫于内外压力，清政府又于1906年宣布"预备仿行宪政"，并于1908年颁布了《钦定宪法大纲》，制定了一个仿效日本实行君主立宪的方案，但又规定了9年的预备立宪期限。预备立宪并没有能够挽救清王朝，反而激化了社会矛盾，加重了危机。事实表明，清政府已陷入无法照旧统治下去的境地。正如孙中山所形容的，清政府"可以比作一座即将倒塌的房屋，整个结构已从根本上彻底地腐朽了，难道有人只要用几根小柱子斜撑住外墙就能够使那座房屋免于倾倒吗？"革命已如箭在弦上，一触即发。

19世纪末20世纪初，中国民族资本主义得到了初步的发展。民族资产阶级为了冲破帝国主义、封建主义的桎梏，发展资本主义，需要自己政治利益的代言人和经济利益的维护者。

资产阶级革命派的骨干是一批资产阶级、小资产阶级知识分子。这个知识分子群体的出现与戊戌维新运动及20世纪初清政府兴学堂、派留学生的措施有关。这些青年学生接触到近代西方资本主义的思想文化，其中不少人在民族危难加深、群众自发斗争高涨形势的推动下，开始摸索救国救民的新道路。当时出国留学成为一种潮流。中国留日学生最多时达近万人。有些人还远渡重洋，赴欧美留学。他们在国外更多地接触到了西方的政治思想，而且对世界大势与国内民族危机有了更敏锐的认识。这些青年知识分子，成为辛亥革命的中坚力量。

2. 资产阶级革命派的活动与主张

中国革命的许多先驱者早年也曾尝试采取和平的手段来推进中国的变革与进步。1894年，孙中山北上京津向李鸿章上书，提出"人能尽其才，地能尽其利，物能尽其用，货能畅其流"的主张，可见，孙中山也曾寄希望于进行自上而下的改革，并把发展工业、教育等当作"治国之大经""富强之根本"。但是，李鸿章并没有重视他的意见。孙中山在北上京津的过程中，发现清朝的腐败比他原先了解的要严重得多。这时，他确信"和平方法，无可复施"，"积渐而知和平之手段不得不稍易以强迫"，决心以革命的方式推翻清朝的统治。同年11月，孙中山到檀香山组建了第一个革命团体兴中会，立誓"驱除鞑虏，恢复中华，创立合众政府"，1895年策划在广州举行武装起义，失败后流亡海外，继续从事反清革命活动。1904年，孙中山发表《中国问题的真解决》一文，指出只有推翻清朝政府的统治，"以一个新的、开明的、进步的政府来代替旧政府"，"把过时的满清君主政体改变为'中华民国'"，才能真正解决中国问题。这表明以孙中山为首的资产阶级革命派在踏上革命道路之时，就高举起民主革命的旗帜，并选择了以武装起义推翻清王朝统治的斗争方式。这也是中国资产阶级革命派与改良派的根本不同之处。

资产阶级革命派的宣传与组织工作历史进入20世纪，随着一批新兴知识分子的产生，各种宣传革命的书籍报刊纷纷涌现，民主革命思想得到广泛传播。1903年，章炳麟发表了《驳康有为论革命书》，反对康有为的保皇观点，歌颂革命为"启迪民智，除旧布新"的良药，强调中国人民完全有能力建立民主共和制度。邹容写了《革命军》，以"革命军中马前卒"的名义，热情讴歌革命，号召人民推翻清朝统治，建立"中华共和国"。陈天华写了《警世钟》《猛回头》两本小册子，痛陈帝国主义侵略给中国带来的深重灾难，揭露清政府已经成了帝国主义统治中国的工具，号召人民奋起革命，推翻清政府这个"洋人的朝廷"。

在资产阶级革命思想的传播过程中，资产阶级革命团体也在各地次第成立。从1904年开始，出现了10多个革命团体，其中重要的有华兴会、科学补习所、光复会、岳王会等。这些革命团体的成立为革命思想的传播和革命运动的发展提供了不可缺少的组织力量。

1905年8月20日，孙中山和黄兴、宋教仁等人以兴中会和华兴会为基础，在日本东京成立中国同盟会，孙中山被公举为总理，黄兴被任命为执行部庶务，实际主持会内日常工作。同盟会以《民报》为机关报，并确定了革命纲领。这是近代中国第一个领导资产阶级革命的全国性政党，它的成立标志着中国资产阶级民主革命进入了一个新的阶段。

3. 三民主义与辛亥革命

同盟会的政治纲领是"驱除鞑虏，恢复中华，创立民国，平均地权"。1905年11月，在同盟会机关报《民报》发刊词中，孙中山将同盟会的纲领概括为三大主义，即民族主义、民权主义、民生主义，后被称为三民主义。民族主义包括"驱除鞑虏，恢复中华"两项内容。一是要以革命手段推翻清朝政府，改变它一贯推行的民族歧视和民族压迫政策；二是建立中华民族"独立的国家"。但是，同盟会纲领中的民族主义没有从正面鲜明地提出反对帝国主义的主张。民权主义的内容是"创立民国"，即推翻封建君主专制制度，建立资产阶级民主共和国。不过，民权主义虽然强调了要建立民主共和国，却忽略了广大劳动群众在国家中的地位，因而难以使人民的民主权利得到真正的保证。民生主义在当时指的是"平均地权"，也就是孙中山所说的社会革命。但是，孙中山的"平均地权"的主张，没有正面触及封建土地所有制，不能满足广大农民对土地的要求，在革命中难以成为发动广大工农群众的理论武器。孙中山的三民主义学说，初步描绘出中国还不曾有过的资产阶级共和国方案，是一个比较完整而明确的资产阶级民主革命纲领。它的提出，对推动革命的发展产生了重大而积极的影响。

1911年5月，清政府宣布"铁路干线收归国有"，并与四国银行团订立粤汉、川汉铁路借款合同，借"国有"名义把铁路利权出卖给帝国主义，同时借此"劫夺"商股。清政府在铁路利权问题上采取的政策，进一步激起了民众的愤慨和反抗，加速了革命的爆发。1911年10月10日晚，驻武昌的新军工程第八营的革命党人打响了起义的第一枪。起义军一夜之间就占领武昌，取得首义的胜利。革命军在三天之内就光复了武汉三镇，成立了湖北军政府。武昌起义掀起了辛亥革命的高潮，打开了清王朝统治的缺口。大江南北、长城内外，到处燃起革命的烈火。在一个月内，就有13个省以及上海和许多州县宣布起义，脱离清政府的统治。腐朽的清王朝迅速土崩瓦解。

在中国延续了2000多年的封建帝制终于覆灭。1911年底，孙中山从海外回到上海。"独立"各省的代表在南京选举孙中山为临时大总统。1912年1月1日，孙中山在南京宣誓就职，改国号为中华民国，定1912年为民国元年，并成立中华民国临时政府。南京临时政府是一个资产阶级共和国性质的革命政权。资产阶级革命派在这个政权中占有领导和主体的地位。南京临时政府制定的各项政策措施集中代表和反映了中国民族资产阶级的愿望和利益，在相当程度上也符合广大中国人民的利益。南京临时政府也有它的局限性。例如，在南京临时政府的《告友邦书》中，就企图用承认清政府与列强所订的一切不平等条约和清政府所欠的一切外债，来换取列强承认中华民国。南京临时政府也没有提出任何可以满足农民土地要求的政策和措施，反而以保护私有财产为借口，去维护封建土地制度以及官僚、地主所占有的土地和财产。1912年3月，临时参议院颁布《中华民国临时约法》，这是中国历史上第一部具有资产阶级共和国宪法性质的法典。这样，《中华民国临时约法》就以根本大法的形式废除了2000多年来的封建君主专制制度，确认了资产阶级共和国的政治制度。毛泽东说："民

◇ 第三讲 历史和人民选择了中国共产党

国元年的《中华民国临时约法》，在那个时期是一个比较好的东西；当然，是不完全的、有缺点的，是资产阶级性的，但它带有革命性、民主性。"①

武昌起义后，袁世凯以武力压迫革命派。在这种情况下，孙中山不得不表示只要清帝退位、袁世凯宣布拥护共和，就可以把临时大总统的职位让给他。1912年3月10日，袁世凯在北京就任临时大总统。4月1日，孙中山正式卸去临时大总统职务。随后，临时参议院决议将临时政府迁往北京。北洋军阀的专制统治袁世凯窃夺辛亥革命的果实之后，建立了代表大地主和买办资产阶级利益的北洋军阀反动政权。

辛亥革命是资产阶级领导的以反对封建君主专制制度、建立资产阶级共和国为目的的革命，是一次比较完全意义上的资产阶级民主革命。尽管辛亥革命最终失败了，但经过辛亥革命，民主共和的思想从此流传广远，人们对革命的继续追求也绵延不绝。接受过这场革命洗礼的中国先进分子和中国人民继续顽强探索民族复兴的道路。辛亥革命之后十年，中国共产党宣告成立。许多参加过辛亥革命的人，后来陆续加入中国共产党或成为共产党的忠诚朋友，这不是偶然的。中国共产党人继承和发展了孙中山的革命事业，并把它推进到了新的阶段。

---

① 《建国以来重要文献选编》第5册，中央文献出版社1993年版，第288页。

三、中国共产党成立与中国革命的新面貌

孙中山先生领导的辛亥革命,推翻了统治中国几千年的君主专制制度,为中国的进步打开了闸门。中国共产党诞生于半殖民地半封建的中国,是近代世界历史和中国社会矛盾发展的必然结果。鸦片战争后中国社会的演变,特别是20世纪初中国政治、经济、文化的发展变化和国际环境的影响,促进了马克思主义与中国工人运动相结合,为中国共产党的成立创造了必要的条件。

"十月革命一声炮响,给中国送来了马克思列宁主义",使中国的先进分子把目光从资产阶级民主主义转向社会主义,选择新的救国方向。五四运动推动马克思主义的传播,中国工人阶级开始作为独立政治力量登上历史舞台。马克思主义与中国工人运动相结合,产生了中国共产党,这是开天辟地的大事变,中国革命从此揭开新的篇章。

1. 新文化运动和五四运动

20世纪初,中国近代工业有了一定的发展,中国民族资本主义经济得到较快成长。国际上,第一次世界大战爆发为中国民族工商业提供了发展机遇。在国内,辛亥革命后,中国民族资产阶级的社会地位有了明显提高,南京临时政府颁布了许多有利于振

◇ 第三讲 历史和人民选择了中国共产党

兴实业的政策法令，在一定程度上消除了清政府时期束缚民族资本发展的障碍；一些地方政府也制定了保护民族工商业发展的政策；全国为反对"二十一条"而掀起抑制日货、提倡国货运动。在这样的国际国内背景下，1912—1922年的10年，成为中国民族资本主义发展史上的一个黄金时代。

近代工业特别是民族资本主义经济的发展，引起中国社会阶级关系的新变动，促进了新的革命力量的成长。中国无产阶级是伴随着外国资本主义经济的入侵、中国近代工业以及民族工业的建立而产生和发展起来的。生长在半殖民地半封建社会的中国无产阶级难免带有一些弱点，但随着自身队伍的壮大和罢工斗争的高涨，在民族危机和社会危机日益严重的情况下，在俄国十月革命和新思潮的影响下，他们迅速觉醒并成长起来，中国反帝反封建的民主革命的领导责任，历史地落到中国无产阶级的身上。

辛亥革命的胜利果实被袁世凯窃取后，北洋军阀为维护自己的统治，利用社会上对局势的失望情绪，诋毁共和制度，诽谤民主思想，掀起一股尊孔读经、复古倒退的逆流，企图继续用封建思想来禁锢人们的头脑。中华民族处于黑暗迷茫的危难中，中国的先进分子一度陷入苦闷彷徨之中。此时，陈独秀、李大钊等一批具有资产阶级民主思想的新型知识分子认识到，改造中国仅仅靠学习、移植西方的民主政治制度并不可行，需要有文化的觉醒和民主思想的启蒙。1915年9月，陈独秀在上海创办《青年杂志》，掀起一场前所未有的思想解放运动——新文化运动。新文化运动的基本内容是,提倡民主和科学,反对专制和迷信;提倡个性解放,反对封建礼教;提倡新文学,反对旧文学。新文化运动提出的两大基本口号是民主和科学,即德先生(Democracy)和赛先生(Science)。它把矛头指向统治中国2000多年的封建主义思想文化,并发起前所未有的猛烈批判,在众多领域掀起思想解放的热潮。由于阶级和时代的局限,新文化运动有其不足之处,但它有力地打击和动摇了封建思想的统治地位,使中国的知识分子特别是广大青年受到一次西方民主和科学思想的洗礼,打开闸门的新思想犹如一股清泉怦地涌出,为中国大地注入生机勃勃的思想解放潮流,为马克思主义在中国的传播创造了有利的条件。

从1919年1月开始,第一次世界大战的27个战胜国在法国巴黎召开所谓的和平会议,史称"巴黎和会"。这实际上是由美、英、法、日、意五个帝国主义国家操纵的重新瓜分世界的会议。中国虽然没有过多参与实战,但作为战胜国参加了此次会议。中国人民对"巴黎和会"寄予很高的期望,希望借此解决鸦片战争以来不平等条约造成的不公正后果,摆脱帝国主义的压迫,在国际上获得平等的地位。然而,西方列强漠视中国的主权和正义要求,悍然将战前德国在山东的特殊权益转让给日本,并作为正式条约写入《凡尔赛和约》。北京政府屈服于帝国主义的压力,竟然准备在这个丧权辱国的和约上签字。帝国主义的强权政治激起了中国各阶层人民的极端愤怒，首先在知识分子和青年学生中激起愤慨。蔡元培听闻消息，立即召集北京大学的学生代表通报情况。5月4日，北京13所大中专学校的3000多名爱国学生在天安门广场前集会，举行示威游行，他们提出"外争主权，内除国贼"的口号，一场反对帝国主义列强损害中国主权、反对北京政府卖国政策的爱国运动轰轰烈烈地拉开帷幕。北京学生的爱国斗争，激起全国人民的爱国浪潮，得到了全国各地学生和社会各界的支持。上海、天津、济南、南京、武汉、长沙、广州等地的学生、群众均开展罢课、游行、集会、抵制日货等活动声援北京学生，抗议政府的卖国行为。

5月7日，上海各界约2万人聚集在西门外公共体育场召开国民大会，声援北京学生的正义斗争，高呼"宁为救国死，毋作亡国奴"。6月5日，上海的商铺全部罢市。上海的工人主动以罢工形式来声援学生的爱国运动，显示出工人阶级的巨大威力。随后，罢工范围迅速扩大，上海许多行业的工人以及店员也纷纷行动起来。五四爱国运动的中心由北京转移到了上海，运动的主力由学生转为了工人，中国工人阶级开始以独立的姿态登上政治舞台。

6月28日，中国代表拒绝在巴黎和会上签字，中国人民的五四运动取得最终胜利。五四运动是近代中国历史上第一次由学生、工人和其他群众掀起的反对帝国主义、反对军阀卖国的全国规模的革命斗争，它把中国革命推向了一个新的历史时期，成为中国新民主主义革命的开端。在此次运动中，涌现出一批为追求民族独立、国家富强而积极探求救国救民道路的新的先进分子，他们经受住了考验，成为运动中的骨干，为中国共产党的创建做好了干部上的准备。

2. 中国共产党诞生

在新文化运动和五四运动的影响下，全国各地的社团如雨后春笋般发展起来，它们以弘扬民主和科学为己任，以改造社会为宗旨，积极研究和宣传新思想。这些进步社团在学习和传播马克思主义、促进青年学生的思想转化方面起到了重要的作用，使一批先进分子成长为马克思主义者，并走上了无产阶级革命道路，肩负起拯救中华民族于危难、振兴中华民族的历史重任。

五四运动中，工人们开展的爱国罢工斗争充分显露出中国工人阶级的强大力量，使具有初步共产主义思想的知识分子认识到，只有与劳苦大众结合，才能取得改造中国的胜利。他们自觉地走到工人队伍中，深入工厂车间或工人住处，从事劳工现状的社会调查，热情地向工人宣传马克思主义的革命道理，逐步提高工人的政治觉悟和阶级意识。一股"与劳工为伍"的时代潮流兴起，从而开创了马克思主义与中国工人运动相结合的伟大历程。

1920年4月，正当中国先进知识分子积极筹备建党的时候，经共产国际批准，俄共（布）远东局海参崴分局外国处派出全权代表维经斯基等人来华，了解五四运动后中国革命运动的发展情况和能否建立共产党组织的问题。在维经斯基等人的帮助下,陈独秀、李大钊加快了建党工作的步伐。1920年8月和10月,陈独秀、李大钊相继在上海和北京建立了中国共产党早期组织。从1920年秋至1921年春,在武汉、长沙、广州、济南等地也先后成立了共产党早期组织。1920年夏至1921年春,随着马克思主义在中国的广泛传播,中国工人运动的蓬勃兴起,作为两者结合产物的中国共产党早期组织,在上海、北京、武汉、长沙、济南、广州以及旅法、旅日留学生中相继建立。建党条件基本成熟,召开全国代表大会也在建党骨干中开始酝酿。

在中国工人运动与马克思列宁主义初步结合的基础上,中国共产党第一次全国代表大会于1921年7月23日在上海法租界望志路106号举行。其间由于会场受到暗探注意和法租界巡捕房搜查,最后一天的会议改在嘉兴南湖的游船上举行。这条游船后来被称为"红船"。参加大会的有12名代表,他们来自7个地方,代表50多名党员。他们是:李达、李汉俊(上海),张国焘、刘仁静(北京),毛泽东、何叔衡(长沙),董必武、陈潭秋(武汉),王尽美、邓恩铭(济南),陈公博(广州),周佛海(日本东京)。陈独秀、李大钊因分别在广州和北京有事,未出席会议。包惠僧受陈独秀派遣,出席了会议。出席会议的还有共产国际代表马林和尼克尔斯基。大会确定党的名称为中国共产党。党的纲领是:以无产阶级革命军队推翻资产阶级,采用无产阶级专政以达到阶级斗争的目的——消灭阶级，废除资本私有制，以及联合第三国际等。大会在讨论实际工作计划时，决定首先集中精力组织工人。鉴于当时的党"几乎完全由知识分子组成"，大会决定"要特别注意组织工人，以共产主义精神教育他们"。大会选举产生了由陈独秀、张国焘、李达组成的党的领导机构——中央局，以陈独秀为书记。党的一大正式宣告了中国共产党的成立。

中国共产党一经成立，中国革命就展现了新的面貌。一方面，中国共产党第一次提出了反帝反封建的民主革命的纲领，为中国人民指出了明确的斗争目标。另一方面，中国共产党开始采取民族资产阶级、小资产阶级的政党和政治派别没有采取过、也不可能采取的革命方法，即群众路线的方法。中国共产党领导的工人斗争，显示了中国工人阶级的坚定的革命性和坚强的战斗力，扩大了中国共产党在全国的政治影响。孙中山正是从这个斗争中，认识到中国共产党是一支新兴的、生机勃勃的革命力量，因而下决心同它进行合作的。

1924年1月，中国国民党第一次全国代表大会在孙中山的主持下于广州举行。大会通过的宣言对三民主义作出了新的解释：在民族主义中突出了反帝的内容，强调对外实行中华民族的独立，同时主张国内各民族一律平等；在民权主义中强调了民主权利应"为一般平民所共有"，不应为"少数人所得而私有"；把民生主义概括为"平均地权"和"节制资本"两大原则（后来又提出了"耕者有其田"的主张),并提出要改善工农的生活状况。这个新三民主义的政纲同党在民主革命阶段的纲领基本一致,因而成为国共合作的政治基础。国民党一大的成功召开,就标志着第一次国共合作的正式形成。1925年5月,以五卅运动为起点,掀起了全国范围的大革命高潮。

第四讲

新民主主义革命的伟大胜利，中国人民站起来了

1919年爆发的五四运动是中国从旧民主主义革命走向新民主主义革命的转折点。所谓"新"，是相对于17—18世纪欧美国家发生的资产阶级领导的，旨在推翻封建专制主义压迫，确立资产阶级统治的旧民主主义革命。总的来说，"新"的主要含义是指：新的指导思想（马克思主义），新的革命政党（中国共产党），新的领导阶级（无产阶级），新的革命理想（社会主义）。中国的新民主主义革命是从1919年五四运动开始的，在此之前的近代以来的资产阶级民主革命为中国的旧民主主义革命。新民主主义革命的目标是无产阶级通过中国共产党牢牢掌握革命领导权，彻底完成反帝反封建的历史任务，并及时实现由新民主主义向社会主义的过渡。新中国的成立标志着我国新民主主义革命的伟大胜利。

一、艰苦卓绝的土地革命战争

在1927年大革命失败以后，国民党已经不再是工人、农民、城市小资产阶级和民族资产阶级的革命联盟，而是变成了一个由代表地主阶级、买办性的大资产阶级利益的反动集团所控制的政党。国民党政府的统治，同北洋军阀的统治没有本质的区别。国民党所实行的是代表地主阶级、买办性的大资产阶级利益的一党专政和军事独裁统治。正因为如此，中国人民要争得民族独立和自身解放，就必须同这个反动统治作坚决的斗争。伟大的爱国者宋庆龄在当时说过：只有以群众为基础并为群众服务的革命，才能粉碎军阀、政客的权力，才能摆脱帝国主义的枷锁，才能真正实行社会主义。在国民党的统治下，中国社会的半殖民地半封建性质没有改变，白色恐怖笼罩着全国城乡，中国革命转入低潮，中国共产党遇到了前所未有的困难。

1. 探索开辟中国革命新道路

据1927年11月统计，全党党员人数由1927年5月党的五大时的57900多人锐减到10000多人。反革命力量大大超过了有组织的革命力量。同年8月7日，中共中央在汉口秘密召开紧急会议（即八七会议），彻底清算了大革命后期的陈独秀右倾机会主义错误，确定了土地革命和武装反抗国民党反动统治的总方针。

◇ 第四讲 新民主主义革命的伟大胜利，中国人民站起来了

毛泽东在会上着重阐述了党必须依靠农民和掌握枪杆子的思想，强调党"以后要非常注意军事，须知政权是由枪杆子中取得的"。会议还提出了"整顿改编自己的队伍，纠正过去严重的错误，而找着新的道路"的任务。八七会议使中国共产党在政治上大大前进了一步，开始了从大革命失败到土地革命战争兴起的转折。

1927年8月1日，以周恩来为书记的前敌委员会及贺龙、叶挺、朱德、刘伯承等人，率领共产党掌握或影响下的北伐军2万多人在南昌举行起义，打响了武装反抗国民党反动统治的第一枪。这是中国共产党独立领导革命战争、创建人民军队和武装夺取政权的开端。9月9日，毛泽东等领导的湘赣边界秋收起义爆发。起义军公开打出了"工农革命军"的旗帜；在攻打长沙的计划受挫后，起义部队决定南下，向敌人控制比较薄弱的农村区域转移，并于10月7日抵达江西省宁冈县茅坪，开始了创建井冈山农村革命根据地的斗争。

为了坚持中国革命，在当时的条件下，必须进行武装斗争。从国际共产主义运动的历史来看，无论中外，都找不到农村包围城市的经验。革命工作应当以城市为中心，这是一个时期内全党的共同认识。中共中央继续留在上海，党的工作重心仍然放在中心城市。但是，所有以占领中心城市为目标的起义很快就失败了。毛泽东不仅在实践中首先把革命的进攻方向指向了农村，而且从理论上阐明了武装斗争的极端重要性和农村应当成为党的工作中

心的思想。毛泽东明确指出以农业为主要经济的中国革命，以军事发展暴动，是一种特征；同时还科学地阐述了共产党领导的土地革命、武装斗争与根据地建设这三者之间的辩证统一关系，强调工农武装割据的思想，是共产党和割据地方的工农群众必须具备的一个重要思想。农村包围城市、武装夺取政权的理论，是对1927年大革命失败后中国共产党领导的红军和根据地斗争经验的科学概括。它是在以毛泽东为主要代表的中国共产党人同当时党内盛行的把马克思主义教条化、把共产国际决议和苏联经验神圣化的错误倾向作坚决斗争的基础上逐步形成的。

1929年12月下旬，红四军党的第九次代表大会在福建上杭县古田村召开。这次会议史称古田会议。会议通过的毛泽东起草的决议案，确立了思想建党、政治建军原则，规定红军是一个执行革命的政治任务的武装集团，必须绝对服从共产党的领导，必须担负打仗、筹款和做群众工作的任务，必须加强政治工作。随着革命新道路的开辟，中国革命开始走向复兴。中国共产党领导的红军和根据地逐步发展起来。到1930年初，共产党领导人民群众建立了大小十几块农村根据地，红军发展到7万人，连同地方武装共约10万人。

2. 在探索中曲折前进

1931年11月，中华苏维埃第一次全国代表大会在江西省瑞

◇ 第四讲 新民主主义革命的伟大胜利，中国人民站起来了

金县叶坪村举行。大会通过了《中华苏维埃共和国宪法大纲》以及土地法令、劳动法等法律文件；选举产生了中华苏维埃共和国中央执行委员会；成立了中华苏维埃共和国临时中央政府，毛泽东当选为主席。中国共产党领导的农村革命根据地所呈现出来的生机勃勃的景象，同国民党统治区民不聊生的悲惨景象形成鲜明的对照。根据地成为新民主主义共和国的雏形，它使身陷苦难深渊的中国人民看到了一线光明和希望。

中国革命的复兴和发展并不是一帆风顺的。大革命失败后，在纠正陈独秀右倾机会主义错误的同时，由于对中国情况的复杂性和中国革命的长期性缺乏认识，中国共产党内开始滋长一种"左"的急躁情绪。从1927年7月大革命失败到1935年1月遵义会议召开之前，"左"倾错误先后三次在党中央的领导机关取得了统治地位。第一次是1927年11月至1928年4月的"左"倾盲动错误，认为革命形势在不断高涨，盲目要求"创造总暴动的局面"。第二次是1930年6月至9月以李立三为代表的"左"倾冒险主义，错误地认为中国革命乃至世界革命进入高潮，盲目要求举行全国暴动和集中红军力量攻打武汉等中心城市。第三次是1931年1月至1935年1月以陈绍禹（王明）为代表的"左"倾教条主义。其主要错误是：在革命性质和统一战线问题上，混淆民主革命与社会主义革命的界限，将反帝反封建与反资产阶级并列，将民族资产阶级视为中国革命最危险的敌人，一味排斥和打击中

间势力。在革命道路问题上,继续坚持以城市为中心,将准备城市工人的总同盟罢工和武装起义作为中国共产党最主要的任务;指令根据地的红军采取"积极进攻的策略",配合攻打中心城市。在土地革命问题上,提出坚决打击富农和"地主不分田,富农分坏田"的主张。在军事斗争问题上,实行进攻中的冒险主义、防御中的保守主义、退却中的逃跑主义。在党内斗争和组织问题上,推行宗派主义和"残酷斗争,无情打击"的方针。

王明等人的"左"倾教条主义错误,对中国革命造成了极其严重的危害。其最大的恶果,就是使红军在第五次反"围剿"作战中遭到失败,不得不退出南方根据地实行战略转移——长征。

3. 北上建立抗日民族统一战线

长征初期,中共中央领导人博古依靠与共产国际有关系的军事顾问、德国人李德,犯了退却中的逃跑主义错误。在强渡湘江之后,红军和中央机关人员锐减到3万多人。一些支持过"左"倾错误的中央领导人如张闻天、王稼祥等,也改变态度,转而支持毛泽东的正确主张。这样,当中央红军根据毛泽东的提议,改向敌人力量薄弱的贵州挺进,并在占领黔北重镇遵义之后,中共中央政治局于1935年1月15日至17日在这里召开了扩大会议(史称遵义会议)。

遵义会议集中解决了当时具有决定意义的军事问题和组织

◇ 第四讲 新民主主义革命的伟大胜利，中国人民站起来了

问题。开始确立以毛泽东为主要代表的马克思主义的正确路线在党中央的领导地位，从而在极其危急的情况下挽救了中国共产党、挽救了中国工农红军、挽救了中国革命，成为中国共产党历史上一个生死攸关的转折点。这为党和革命事业转危为安、不断打开新局面提供了最重要的保证。会后不久，根据毛泽东的提议，中央决定由张闻天代替博古负总的责任；成立了由周恩来、毛泽东、王稼祥组成的新的"三人团"，全权负责红军的军事行动。

遵义会议后，在毛泽东等的领导下，中央红军采取灵活机动的战略战术，四渡赤水河，巧渡金沙江，强渡大渡河，翻越人迹罕至、终年积雪的夹金山，摆脱了数十万国民党军队的围追堵截，赢得了战争的主动权。1935年6月中央红军抵达四川懋功（今小金）地区，同红四方面军会师。之后，中共中央又同红四方面军领导人张国焘分裂中央、分裂红军的严重错误进行了坚决的斗争。随后中共中央决定将北上红军改称陕甘支队，先行北上，于11月初，在甘泉地区同在陕甘根据地的红十五军团会合，中国共产党所领导的革命力量有了新的落脚点和战略基地。至此，中央红军的二万五千里长征胜利结束。1936年10月，红二、四方面军先后同红一方面军在甘肃会宁、静宁将台堡（今属宁夏回族自治区）会师。至此，三大主力红军的长征胜利结束。

1931年9月18日深夜，九一八事变爆发。日本变中国为其

独占殖民地的阶段由此开始。1932年2月，中国东北全境沦陷。日本占领中国东北以后，随即开始入侵中国华北地区。面对日本的大举侵略，国民党政府一再退让。蒋介石在1931年7月已提出"攘外必先安内"的方针。华北事变后，中日民族矛盾进一步激化。在全国抗日救亡运动高涨之际，中国共产党及时提出了抗日民族统一战线的新政策。1935年8月1日，中共驻共产国际代表团起草了《为抗日救国告全体同胞书》。12月，中共中央在陕北瓦窑堡召开政治局会议，提出了在抗日的条件下与民族资产阶级重建统一战线的新政策，批评了党内长期存在的"左"倾冒险主义、关门主义的错误倾向。

当时，蒋介石还没有根本改变对日本的态度。他于1936年12月初到达西安，逼迫张学良、杨虎城攻打陕甘的红军。12日凌晨，爱国将领张学良、杨虎城在对蒋介石"哭谏"无效的情况下，毅然实行"兵谏"，扣留了蒋介石。这就是西安事变。中国共产党从民族大义出发，为了团结国民党共同抗日，确定促成事变和平解决的基本方针，派周恩来等到西安进行和平谈判。蒋介石被迫作出了停止"剿共"、联合红军抗日等六项承诺。西安事变的和平解决成为时局转换的枢纽，十年内战的局面由此结束，国内和平基本实现。

二、抗日战争的中流砥柱

1937年至1945年的全民族抗日战争，总体上是在以中国共产党同中国国民党再次合作为基础的抗日民族统一战线的条件下进行的。中国共产党制定和实施全面抗战路线和持久战的战略总方针；领导人民军队深入敌后发动群众，开展抗日游击战争，建立和发展抗日民主根据地；实行发展进步势力、争取中间势力、孤立顽固势力和坚持抗战反对妥协、坚持团结反对分裂、坚持进步反对倒退的方针；大力推进党的建设，确定毛泽东思想为党的指导思想。中国共产党成为全民族抗战的中流砥柱。中国人民抗日战争的胜利，成为中华民族走向复兴的历史转折点。

1. 抗日战争全面爆发和敌后根据地的建立

1937年7月7日，卢沟桥事变爆发，中国守军奋起抵抗日军的进攻。事变发生的第二天，中国共产党就通电全国，号召全中国同胞团结起来，筑成民族统一战线的坚固长城，抵抗日本的侵略。8月，国共两党达成将红军主力改编为国民革命军第八路军（简称八路军，不久改称第十八集团军）等协议。八路军由朱德任总指挥，彭德怀任副总指挥，叶剑英任参谋长，左权任副参谋长，任弼时任政治部主任，邓小平任政治部副主任。下辖三个师共4.6万人。接着，南方的红军和游击队，除琼崖红军游击队外，改编为国民革命军新编第四军（简称新四军），下辖四个支队共1.03万人。9月，原陕甘宁根据地的苏维埃政府改称陕甘宁特区政府。9月22日，国民党中央通讯社发表《中国共产党为公布国共合作宣言》；23日，蒋介石发表实际承认共产党合法地位的谈话。以国共两党第二次合作为基础的抗日民族统一战线正式形成。

抗日战争全面爆发后，国共两党合作抗日的局面虽然形成，但在怎样进行抗战的问题上，两党有着不同的主张和指导路线。共产党实行全面抗战的路线，国民党则实行片面抗战的路线。这两条不同的指导路线对于抗日战争的进程和结局具有重大影响。中国共产党从全民族的利益出发，从战争一开始就提出了一条广泛发动群众、武装群众，依靠群众对日作战，实行人民战争的全面抗战路线。1937年8月22日至25日，中共中央在陕北洛川召开政治局扩大会议。会议通过的《抗日救国十大纲领》提出，要打倒日本帝国主义，必须实行全国军事的总动员，全国人民的总动员，改革政治机构，废除国民党的一党专政，给人民以充分的抗日民主权利，适当改良人民生活，实行抗日的外交政策、战时的财政经济政策、抗日的教育政策和民族团结政策。这个纲领是党的全面抗战路线的具体体现。

全国抗战初期，国民党在对日作战方面作出了重大努力，先后组织了淞沪会战、徐州会战、武汉会战等大规模战役。但此时的国民政府仍然是国民党一党统治的政府，而不是民族民主统一

◇ 第四讲 新民主主义革命的伟大胜利，中国人民站起来了

战线政府。国民党从维护其一党专政体制的需要出发，实行片面抗战的路线，即坚持一党专政，只是实行单纯的政府和军队的抗战，限制人民革命力量在抗战中发展，反对抗日战争成为人民大众的抗战。

日本侵略军深入中国内地后，由于兵力不足，在其后方留有广阔的地区。鉴于这一点，中共中央作出了开辟敌后战场、建立敌后根据地的重要战略决策。1938年1月，敌后第一个由共产党领导的抗日民主政权——晋察冀边区临时行政委员会在冀西阜平成立。1938年5、6月间，毛泽东集中全党智慧，写下了《论持久战》和《抗日游击战争的战略问题》两篇重要的军事理论著作。毛泽东科学地预见到，持久的抗日战争将经过战略防御、战略相持和战略反攻三个阶段。

第二次国共合作实现后，为加强国共合作，扩大和巩固抗日民族统一战线，进一步推动全民族抗战，中国共产党在国民党统治区积极开展各项工作。但是，由于国共两党代表不同的阶级利益，实行不同的抗战指导路线，统一战线内部不可避免地存在着尖锐的矛盾和斗争。1938年9月29日至11月6日，党在延安召开扩大的六届六中全会。这次全会，基本纠正了抗战初期以王明为代表的右倾错误，统一了全党的思想和步调，推动了党的各项工作的迅速发展。

2. 敌后游击战与抗战、团结、进步的方针

1938年10月，日本侵略军占领广州和武汉以后，中国的抗日战争开始进入战略相持阶段。日本在继续坚持灭亡中国的总方针下，对其侵华的战略和策略进行了一些调整，即：在正面战场上停止战略性进攻，逐渐将其主要兵力用于打击中国共产党领导的八路军和新四军；对国民党政府，从以军事进攻为主、政治诱降为辅转变为政治诱降为主、军事打击为辅，企图诱使国民党政府妥协投降；在其占领区内，则加紧扶植傀儡政权，建立和发展汉奸组织。

在这种情况下，国民党统治集团中亲日派和亲英美派发生分裂，以副总裁汪精卫为首的亲日集团公开投敌。亲英美的蒋介石集团虽继续留在抗战阵营中，但开始推行消极抗日、积极反共的政策。中国共产党正确分析相持阶段到来后国际国内的复杂形势，提出了坚持团结抗战，巩固和扩大抗日民族统一战线的正确方针。中共中央指出：整个抗战时期，民族矛盾始终是第一位的，各阶级的利益必须服从全民族的利益。1939年7月7日，中共中央为纪念全国抗战两周年发表对时局的宣言，明确提出坚持抗战、团结、进步三大方针，使全党步调一致，也帮助党外许多人清醒地认识到国内政治局势中正在出现的严重危机，分清大是大非。

1939年9月，德国法西斯进攻波兰，欧洲战争爆发。此后，中国的国际环境严重恶化，国内出现了"空前投降危机与空前抗战困难"。在这样的情况下，八路军总部认为，为着坚决反对投

◇ 第四讲 新民主主义革命的伟大胜利，中国人民站起来了

降，振奋抗战军民，锻炼自身力量，组织一次大规模的破袭战非常必要。于是，华北八路军（不含山东）所属部队于1940年8月20日至12月5日，对日军发动了一次大规模的进攻作战。随着战役的展开，八路军参战部队达到105个团约20万人，故称"百团大战"。这次战役，极大地振奋了全国军民争取抗战胜利的信心，以事实驳斥了国民党顽固派对共产党、八路军"游而不击"的诬蔑，并对支持正面战场的作战，遏制国民党政府的妥协投降暗流，争取时局好转，起了积极的作用。

党坚持抗战、团结、进步方针，同国民党顽固派的反共活动进行了坚决的斗争。1939年冬至1940年春，国民党顽固派发动第一次反共高潮。党领导的人民军队对国民党军队的武装进攻予以坚决回击，随即又派代表与其谈判，达成停止武装冲突、划定驻地、分区抗战的协议。1941年初，国民党顽固派制造震惊中外的皖南事变，掀起了第二次"反共"高潮。新四军军部及所属部队9000余人，在向北转移途中遭到国民党军队8万余人围攻，除2000余人突围外，一部分被打散，大部分壮烈牺牲或被捕，军长叶挺在同国民党军队进行战场谈判时被扣押，副军长项英遇害。中国共产党迅速组织强有力的反击。在政治上，揭露国民党顽固派的罪行；在军事上，实行积极防御。国民党顽固派制造皖南事变，并没有达到打击共产党、消灭新四军的目的，反而惊醒和教育了对国民党抱有幻想的人，孤立了自己。到了3月，第二次"反共"高潮被打退。

3. 抗日根据地建设和党的建设

抗日战争进入相持阶段后，日本侵略者逐渐将其主要兵力用于进攻在敌后的人民抗日武装。因此，敌后游击战争成为中国抗日战争的基本形态。从1938年冬到1940年底的两年多时间里，党领导的人民抗日武装贯彻实行"巩固华北，发展华中、华南"的方针，发展群众性的游击战争，主要是以分散游击的方式，在敌后广大地区内，以无数小的战斗对日军进行袭击，积小胜为大胜，逐步消灭日军的有生力量，并在战斗中发展壮大自己。

到1940年年底，中国共产党领导的武装部队由抗战开始时的5万多人发展到50万人，此外还有大量的地方武装和民兵。除陕甘宁边区外，在华北、华中和华南先后建立起16块抗日民主根据地，拥有近1亿人口，成为全国抗战的重心。抗日民主根据地是全面贯彻和实现全面抗战路线的坚强阵地。因此，党非常重视敌后抗日根据地的各项建设。

政权建设是抗日民主根据地建设的首要问题。1940年3月，中共中央发出《抗日根据地的政权问题》的指示，对根据地政权建设的原则和政策作了具体规定。此后，根据地政权建设进入一个新的发展阶段。抗日根据地的政权，是中国共产党领导的抗日民族统一战线性质的政权，即几个革命阶级联合起来对汉奸和反动派的民主专政。它既与地主资产阶级专政相区别，也与工农民主专政不同，是一个容纳多方，团结抗日的各个阶级、阶层，并

◇ 第四讲 新民主主义革命的伟大胜利，中国人民站起来了

经过民主选举和按照民主集中制原则建立起来的。其特点是实行"三三制"的政权制度，即在政府工作人员中，共产党员、非党左派进步分子、中间派各占1/3，共产党在政府工作中的领导地位和优势，是靠政策的正确、党员的模范作用和人民的拥护来实现的。在各抗日根据地，党还领导军民大力进行经济建设工作。当时的经济建设，主要是发展农业生产，同时注意发展工业生产和对内对外贸易，并建立银行，发行货币。在农村则实行减租减息的土地政策，兼顾地主和农民的利益。此外，各抗日根据地还发展文化教育事业，创办大批学校，积极推动社会科学和科学技术事业的发展，并大力发展文学创作和戏剧演出，特别是诗歌、报告文学以及农村戏剧运动，取得了显著的成绩。

加强党的建设，是中国共产党成为全民族抗战的中流砥柱、争取抗战胜利的一个重要保证，也是取得中国民主革命胜利的一个重要法宝。在全民族抗日战争中，党在积极实行全面抗战路线和在敌后建立抗日根据地的过程中，积极推进党的建设的"伟大工程"，使党的建设出现了崭新的局面。特别是延安整风运动的成功开展，使人们从教条主义的束缚下解放出来，提高了全党结合中国革命实际运用马克思主义的水平，统一了全党的思想认识，从而为顺利渡过抗日战争的困难阶段，为夺取抗日战争的胜利和新民主主义革命在全国的胜利，奠定了坚实的思想政治基础。

4. 党的七大和抗日战争的最后胜利

1945年春夏之交，第二次世界大战的形势发生了根本变化，德意日法西斯面临即将覆灭的命运，中国抗日战争已处于战略大反攻的前夜。为了领导全国人民彻底打败日本侵略者和努力争取中国光明的前途，中国共产党举行了第七次全国代表大会。这次大会系统总结中国革命20多年曲折发展的历史经验，制定了正确的路线、纲领和策略，并把马克思主义中国化第一次历史性飞跃的理论成果——毛泽东思想确立为党的指导思想，使全党在马克思列宁主义、毛泽东思想的基础上空前团结起来，从而为彻底打败日本帝国主义、成立新中国指明了方向和道路。这次大会以"团结的大会，胜利的大会"而载入史册。在党的七大路线的指引下，人民革命力量迅速壮大。中国人民与世界反法西斯同盟各国人民共同奋战，终于迎来了抗日战争的伟大胜利。

1945年4月至6月在延安召开的党的七大，是中国共产党建党以后在新民主主义革命时期召开的具有重大意义和最为成功的一次全国代表大会。党的七大是中国共产党在新民主主义革命时期极其重要的一次、也是最后一次代表大会。它总结中国新民主主义革命20多年曲折发展的历史经验，制定了正确的路线、纲领和策略，克服了党内的错误思想，使全党特别是党的高级干部对于中国民主革命的发展规律有了比较明确的认识，从而使全党在马克思列宁主义、毛泽东思想的基础上达到了空前的团结。它为

◇ 第四讲　新民主主义革命的伟大胜利，中国人民站起来了

党领导人民去争取抗日战争的胜利和新民主主义革命在全国的胜利，奠定了政治上、思想上和组织上的深厚基础。党的七大的一个重大历史功绩是确定了党的政治路线，即"放手发动群众，壮大人民力量，在党的领导下，打败日本侵略者，解放全国人民，成立一个新民主主义的中国"。党的七大的另一个重大历史性贡献是将毛泽东思想写在了党的旗帜上，确立毛泽东思想为党的指导思想并写入党章。党的七大确立毛泽东思想为党的指导思想，是近代中国历史和人民革命斗争发展的必然选择。中国共产党成立后，以毛泽东为主要代表的中国共产党人，根据马克思列宁主义的基本原理，经过20多年的艰苦探索，把中国革命实践中的一系列独创性经验进行理论概括，创造性地发展了马克思列宁主义，形成了适合中国国情的科学指导思想。

1945年上半年，世界反法西斯战争进入最后阶段。4月，联合国制宪会议在美国旧金山举行，包括中国解放区代表董必武在内的中国代表团出席了会议。中国成为联合国的创始国和联合国安全理事会五个常任理事国之一。5月上旬，苏联红军攻克柏林，德国法西斯投降。

7月26日，中、美、英三国发表《波茨坦公告》，敦促日本投降。8月上旬，苏联红军进入中国东北，猛烈攻击日本关东军。8月9日，毛泽东发表《对日寇的最后一战》的声明，号召八路军、新四军及其他人民军队，应在一切可能条件下，对于一切不愿投降的侵略者及其

走狗实行广泛的进攻。中国人民军队对日军的战略反攻全面展开。

8月14日，日本政府照会中、美、英、苏等国，表示接受《波茨坦公告》。8月15日，日本天皇裕仁以广播"终战诏书"的形式宣布接受《波茨坦公告》。9月2日，在东京湾美军军舰密苏里号上举行日本向同盟国投降签字仪式。至此，中国人民抗日战争胜利结束，世界反法西斯战争也胜利结束。9月9日，中国战区日军投降签字仪式在南京举行。中国战区日本投降代表、日军中国派遣军总司令冈村宁次在投降书上签字。侵华日军128万余人向中国投降。

1945年10月25日，中国政府在台湾举行受降仪式。根据《波茨坦公告》，被日本占领50年之久的台湾以及澎湖列岛，由中国收回。这成为抗日战争取得完全胜利的重要标志。

三、全国解放与新民主主义革命胜利

抗日战争胜利后，中国共产党代表中国人民的根本利益，为争取和平民主作出巨大的努力。在全面内战爆发后，党领导解放区军民坚决以积极防御粉碎国民党军队的进攻，并积极推动国民党统治区的人民运动。随着形势的发展，党指挥人民解放军转入战略进攻，经过战略决战和战略追击，领导人民推翻国民党反动

◇ 第四讲　新民主主义革命的伟大胜利，中国人民站起来了

统治，夺取了新民主主义革命的全国性胜利，基本完成了争取民族独立和人民解放的历史任务。

1. 争取和平民主与粉碎国民党军事进攻

早在1945年5月党的七大召开时，毛泽东就提出，对蒋介石拟采取"洗脸"政策而不是"砍头"政策。8月24日，毛泽东根据时局变化进一步指出，抗战结束，和平建设阶段开始。中央正考虑同国民党进行谈判，避免内战，实现和平建国。8月25日，中共中央在对时局的宣言中明确提出"和平、民主、团结"的口号。1945年8月14日、20日、23日，蒋介石三次电邀毛泽东到重庆共商"国际国内各种重要问题"。为了争取和平民主，毛泽东不顾个人安危，于8月28日偕周恩来、王若飞赴重庆与国民党当局进行谈判。10月10日，双方签署《政府与中共代表会谈纪要》，即"双十协定"，确认和平建国的基本方针，同意"长期合作，坚决避免内战"。1946年1月10日，国共双方下达停战令。同一天，政治协商会议在重庆开幕，出席会议的有国民党、共产党、民主同盟、青年党和无党派人士的代表38人。以周恩来为首的中共代表团与民主同盟等民主党派和无党派人士的代表密切合作，同国民党当局认真协商，推动政协会议达成五项协议。

1946年6月底，国民党军以进攻中原解放区为起点，挑起了全国性的内战。次年3月，国民党当局限期令中共驻南京、上海、

重庆三地代表及工作人员全部撤退。至此，一切和平谈判之门都被国民党关闭，国共关系彻底破裂。全面内战爆发时，中国共产党面临的形势是极为严峻的。蒋介石声称，这场战争"一定能速战速决"。为了打退国民党对解放区的军事进攻，中共中央指出，在政治上，必须和人民群众亲密合作，必须争取一切可以争取的人，在党的领导下建立最广泛的人民民主统一战线；在军事上，必须采取集中优势兵力、各个歼灭敌人的作战原则。在1946年6月至1947年6月一年的时间里，人民军队处于战略防御阶段。战争主要在解放区进行。从1947年3月至6月，解放军经过4个月的内线作战，努力打退国民党军的重点进攻，并在东北、热河、冀东、豫南等地开始局部反攻。战局的发展，从根本上粉碎了国民党统治集团的速战速决计划，并使他们陷入了人民战争的汪洋大海之中，难以逃脱遭遇灭顶之灾的命运。

2. "第二条战线"与战略进攻

经过人民解放军一年的作战，战争形势发生了重大变化。1947年7月，国民党军的总兵力由430万人下降为373万人，其中正规军由200万人下降为150万人。由于战线延长，它的大部分兵力用于守备，战略性机动兵力大为减少，而且士气低落，官兵中充满失败情绪。人民解放军的总兵力则由127万人增加为195万人，其中正规军近100万人；部队的武器装备也因大量缴获而

◇ 第四讲 新民主主义革命的伟大胜利，中国人民站起来了

得到很大改善。由于不需分兵守卫后方供给线和城市，机动兵力大大增强。

为了彻底粉碎国民党将战争继续引向解放区、进一步破坏和消耗解放区的人力物力使之不能持久的方针，中共中央作出出人意料的决定：不待完全粉碎敌人的战略进攻，不等解放军在数量上占有优势，立刻将主力打到外线去，举行全国性的反攻，将战争引向国民党区域。

1947年6月底，根据中共中央的决策和部署，刘伯承、邓小平率领的晋冀鲁豫野战军主力，实施中央突破，千里跃进大别山；陈毅、粟裕指挥的华东野战军主力为东路，挺进苏鲁豫皖地区；陈赓、谢富治指挥的晋冀鲁豫野战军一部为西路，挺进豫西。三路大军相互策应，机动歼敌。它们调动和吸引国民党军南线全部兵力160多个旅中约90个旅于自己周围，迫使国民党军处于被动地位。人民解放战争战略进攻的序幕由此揭开。

1947年10月10日，中国人民解放军总部发表宣言，提出"打倒蒋介石，解放全中国"的口号。因为这时，不仅老百姓不要蒋介石，就连上层分子（除了少数反动集团外）、中产阶级也不想给蒋介石抬轿子，也要推翻他。这个口号的提出，极大地鼓舞了解放军全体指战员和全国人民的斗志。

在国民党统治区，以学生运动为先导的人民民主运动也迅速地发展起来，成为配合人民解放战争的第二条战线。国民党政府

由于它的专制独裁统治和官员们的贪污腐败、大发国难财，抗战后期在大后方便已严重丧失人心。1945年底，昆明学生发动了以"反对内战，争取自由"为主要口号的"一二·一"运动。1947年5月20日，南京、北平等地爆发了反饥饿、反内战运动。

这些事实表明，不仅在军事战线上，而且在政治战线上，国民党政府都打了败仗。这个政府已经处在全民的包围中。1947年5月30日，毛泽东指出：中国事变的发展，比人们预料的要快些。为了成立一个和平的、民主的、独立的新中国，中国人民应当迅速地准备一切必要的条件。

3. 伟大的战略决战

1948年秋，人民解放战争进入夺取全国胜利的决定性的阶段。这时，人民解放军已由战争开始时的127万人发展到280万人，解放区面积达到235.5万平方公里、拥有1.68亿人口，并且基本上完成了土地制度改革，广大农民的革命和生产积极性空前高涨，解放军的后方进一步巩固。与此相反，国民党军队则由430万人下降为365万人，其中可用于第一线的兵力仅174万人，而且士气低落，战斗力不强；由于遭到各阶层人民的强烈反对，处境十分孤立。它在军事上不得不放弃"全面防御"而实行"重点防御"。国民党政权濒临崩溃。人民解放军同国民党军队进行战略决战的时机已经成熟。

◇ 第四讲 新民主主义革命的伟大胜利，中国人民站起来了

在毛泽东和中共中央军委的领导和指挥下，在人民群众的热烈支援下，中国人民解放军先后发动了辽沈、淮海、平津三大战役。辽沈战役自1948年9月12日开始至11月2日结束，历时52天。东北野战军主力70万人在林彪、罗荣桓领导下，共歼敌47.2万人。淮海战役自1948年11月6日开始至1949年1月10日结束，历时66天。华东野战军、中原野战军以及地方武装共60万人，在由刘伯承、陈毅、邓小平、粟裕、谭震林组成的总前委（邓小平为书记）领导下，歼敌55.5万人。平津战役自1948年11月29日开始至1949年1月31日结束，历时64天，歼灭和改编国民党军队52万余人。

三大战役前后历时4个月零19天，共歼灭国民党军队的有生力量154万余人，加上1948年7月至1949年1月期间在济南战役和其他战役中的损失，国民党军队共丧失兵力230余万人。国民党赖以维持其反动统治的主要军事力量基本上被摧毁。

1949年元旦，蒋介石发表"求和"声明，企图借"和平谈判"之机争取喘息时间，布置长江防线，以便卷土重来。谈判从4月1日开始。由于国民党政府拒绝在《国内和平协定》上签字，1949年4月21日，毛泽东、朱德发布《向全国进军的命令》。人民解放军强渡长江天险，一举摧毁国民党苦心经营了3个半月的长江防线。4月23日，人民解放军占领南京，宣告延续了22年之久的国民党反动统治的覆灭。国民党蒋介石集团被人民赶出中国大陆，逃往中国台湾。

4. 成立新中国

随着解放战争的胜利发展，成立新中国的任务被提上了历史日程。在1948年9月召开的中共中央政治局会议上，毛泽东论述了即将成立的新中国的国体，他说："我们政权的阶级性是这样：无产阶级领导的，以工农联盟为基础，但是不仅仅工农，还有资产阶级民主分子参加的人民民主专政。"[①]关于新中国的政体，他说，我们应当"建立民主集中制的各级人民代表会议制度"。

1949年3月召开的党的七届二中全会，规定了党在全国胜利后在政治、经济、外交方面应当采取的基本政策，指出了中国由农业国转变为工业国、由新民主主义社会转变为社会主义社会的发展方向。

为了向全国人民公开阐明中国共产党在成立新中国问题上的主张，在中国共产党成立28周年的前夕，1949年6月30日，毛泽东发表了《论人民民主专政》一文，明确指出，人民民主专政需要工人阶级的领导。人民民主专政的基础是工人阶级、农民阶级和城市小资产阶级的联盟，而主要是工人和农民的联盟，因为这两个阶级占了中国人口的80%～90%。党的七届二中全会的决议和毛泽东的《论人民民主专政》，构成了《中国人民政治协商会议共同纲领》的基础。在筹建新中国的过程中，毛泽东、党中央

---

① 《马克思主义历史理论经典著作导读》，人民出版社2013年版，第349页。

◇ 第四讲 新民主主义革命的伟大胜利，中国人民站起来了

还进一步确认，中国同苏联国情不同，不宜实行联邦制。单一制的国家结构形式符合中国的实际情况，在统一的国家内实行民族区域自治有利于民族平等原则的实现。

1949年9月21日，中国人民政治协商会议第一届全体会议在北平中南海怀仁堂隆重开幕，参加会议的代表共662人。会议通过了《中国人民政治协商会议共同纲领》（以下简称《共同纲领》）。《共同纲领》在当时是全国人民的大宪章，起着临时宪法的作用。会议通过了《中华人民共和国中央人民政府组织法》，一致选举毛泽东为中央人民政府主席，朱德、刘少奇、宋庆龄、李济深、张澜、高岗为副主席，陈毅等56人为中央人民政府委员会委员。新政协筹备会主任、中共中央主席毛泽东在开幕词中向全世界豪迈地宣告："我们的工作将写在人类的历史上，它将表明：占人类总数四分之一的中国人从此站立起来了。""我们的民族将从此列入爱好和平自由的世界各民族的大家庭，以勇敢而勤劳的姿态工作着，创造自己的文明和幸福，同时也促进世界的和平和自由。我们的民族将再也不是一个被人侮辱的民族了，我们已经站起来了。"[①]

[①] 《建党以来重要文献选编》第26册，中央文献出版社2011年版，第726页。

第五讲

改革开放的伟大成功，中国人民富起来了

1978年12月18日，在中华民族历史上，在中国共产党历史上，在中华人民共和国历史上，都必将是载入史册的重要日子。这一天，我们党召开十一届三中全会，实现新中国成立以来党的历史上具有深远意义的伟大转折，开启了改革开放和社会主义现代化的伟大征程。我们党作出实行改革开放的历史性决策，是基于对党和国家前途命运的深刻把握，是基于对社会主义革命和建设实践的深刻总结，是基于对时代潮流的深刻洞察，是基于对人民群众期盼和需要的深刻体悟。

一、伟大历史转折和改革开放的起步

党的十一届三中全会以后,以邓小平同志为主要代表的中国共产党人,团结带领全党全国各族人民,深刻总结我国社会主义建设正反两方面经验,借鉴世界社会主义历史经验,创立了邓小平理论,作出把党和国家工作中心转移到经济建设上来、实行改革开放的历史性决策,深刻揭示社会主义本质,确立社会主义初级阶段基本路线,明确提出走自己的路、建设中国特色社会主义,科学回答了建设中国特色社会主义的一系列基本问题,制定了到21世纪中叶分三步走、基本实现社会主义现代化的发展战略,成功开创了中国特色社会主义。

1. 党的十一届三中全会实现伟大历史转折

1978年12月18日至22日,党的十一届三中全会在北京召开。全会冲破长期"左"的错误思潮的严重束缚,彻底否定了"两个凡是"的错误方针,高度评价了关于真理标准问题的讨论,并且果断停止使用"以阶级斗争为纲"的口号,作出了把工作重点转移到社会主义现代化建设上来和实行改革开放的战略决策。全会恢复了党的民主集中制的优良传统,审查解决了历史上遗留的一批重大问题和一些重要领导人的功过是非问题。

◇ 第五讲 改革开放的伟大成功，中国人民富起来了

党的十一届三中全会是新中国成立以来党的历史上具有深远意义的伟大转折。全会结束了粉碎"四人帮"后党和国家工作在徘徊中前进的局面，标志着中国共产党重新确立了马克思主义的思想路线、政治路线、组织路线，开始了在思想、政治、组织等领域的全面拨乱反正。会后，从党的指导思想的确立和实际工作的领导来说，形成了以邓小平同志为核心的党的中央领导集体，揭开了改革开放的序幕。以这次全会为标志，中国进入了改革开放和社会主义现代化建设的历史新时期。党和国家充满希望和活力地踏上了实现社会主义现代化的伟大征程。

党的十一届三中全会后，党和国家按照实事求是、有错必纠的原则加快了平反冤、假、错案的步伐。全面拨乱反正，必然要求对新中国成立以来中国共产党的重大历史问题作出结论，以便统一全党和全国人民的思想，团结一致向前看。从1979年11月起，在邓小平主持下，中共中央着手起草《关于建国以来党的若干历史问题的决议》。经过一年半时间的讨论和修改，1981年6月，党的十一届六中全会通过了这个决议。决议指出，中国共产党在中华人民共和国成立以后的历史，总的说来，是我们党在马克思列宁主义、毛泽东思想指导下，领导全国各族人民进行社会主义革命和社会主义建设并取得巨大成就的历史。决议从根本上否定了"文化大革命"的理论和实践，对新中国成立以来的重大历史事件作出了基本结论。决议还肯定了党的十一届三中全会以来逐

步确立的适合中国国情的建设社会主义现代化强国的道路，进一步指明了中国社会主义事业和党的工作继续前进的方向。

决议的起草和通过表明，中国共产党是在政治上、理论上成熟的坚强的马克思主义政党。党能够在"文化大革命"结束后不长的时间里作出这样一个经得起历史检验的决议，体现出以邓小平同志为核心的党的中央领导集体的成熟和远见，体现出中国共产党在反省错误、纠正错误的过程中总结新经验、探索新道路的能力。决议的通过，标志着党和国家在指导思想上拨乱反正的胜利完成。从党的十一届三中全会至党的十一届六中全会，经过两年多的时间，中国的面貌大为改观。

2. 改革开放的起步

拨乱反正的推进为有效地调动社会各阶层人员的积极性、实现改革开放和开创现代化建设的新局面，奠定了必不可少的社会基础和群众基础。针对1977年至1978年出现的国民经济比例失调的情况，1979年4月召开的中共中央工作会议，提出对国民经济实行"调整、改革、整顿、提高"的方针，坚决纠正前两年经济工作中的失误，认真清理过去在这方面长期存在的"左"倾错误影响。会议强调，经济建设必须从国情出发，符合经济规律和自然规律；必须量力而行，循序渐进，经过论证，讲求实效，使发展生产同改善生活紧密结合；必须在独立自主、自力更生的基础上，积极开展对外经济合作和技术交流。

经过两年的努力，经济形势较快好转，国民经济的主要比例关系渐趋合理，长期存在的积累率过高和农业、轻工业严重滞后的情况有了根本改变。1978年到1982年，工农业总产值年均增长7.3%。农民的人均纯收入270元，比党的十一届三中全会前增加了一倍；城市职工家庭人均可用于生活费的收入500元，比十一届三中全会前增加了38.3%。

中国经济体制的改革，首先在农村取得突破性的进展。从1978年开始，安徽、四川的基层干部和农民群众，在省委支持下，开始探索试行包产到组、包产到户、包干到户等多种形式的农业生产责任制，取得了很好的效果。其他一些地方也开始实行农村联产责任制。在中共中央的支持和推动下，以包产到户、包干到户为主要形式的家庭联产承包责任制，在全国各地逐渐推广开来。家庭联产承包责任制实行以后，农民对集体所有的土地具有充分的经营自主权。

这期间，城市经济体制改革的探索也逐步开始。如扩大国有企业经营自主权，把部分中央和省属企业下放给城市管理，开始实行政企分开，进行城市经济体制综合改革试点等。对外开放也迈出了较大的步伐。1980年5月，党中央决定在深圳、珠海、汕头、厦门设立经济特区，采取多种形式吸引和利用外资，学习国外的先进技术和经营管理方法。

在推进经济体制改革的同时，政治体制改革和其他方面体制的改革也在向前推进：逐步废除干部领导职务实际上存在的终身制，实行干部队伍的革命化、年轻化、知识化、专业化；加强各级人民代表大会的工作，省、县两级人民代表大会增设常设机构，县级和县级以下人民代表普遍实行由选民直接选举的制度；恢复、制定和实施了一系列重要的法律法规，加强了司法、检察和公安机关的工作。

3. 改革开放的全面展开

1982年9月1日至11日，中国共产党第十二次全国代表大会在北京召开。党的十二大提出，中国共产党在新的历史时期的总任务是：团结全国各族人民，自力更生，艰苦奋斗，逐步实现工业、农业、国防和科学技术现代化，把我国建设成为高度文明、高度民主的社会主义国家。大会根据邓小平的设想，提出了国内工农业年总产值在20世纪末翻两番的奋斗目标，即由1980年的7100亿元增加到2000年的2.8万亿元左右，人民生活达到小康水平。

党的十二大以后，经济体制改革全面展开。随着农村经济的发展，大批富余劳动力逐渐从土地上转移出来，从事工业和加工业，使乡镇企业异军突起。到1987年，全国乡镇企业发展到1750多万个，从业人员8805万人，产值达到4764亿元，占当年农村

◇ 第五讲 改革开放的伟大成功，中国人民富起来了

社会总产值的 50.4%，第一次超过农业总产值，成为农村经济的龙头，给农村经济的发展注入了新的生机和活力。1984 年 10 月，党的十二届三中全会通过《中共中央关于经济体制改革的决定》（以下简称《决定》）。《决定》总结了新中国成立以来特别是党的十一届三中全会以来经济体制改革的经验，比较系统地提出和阐明了经济体制改革中的一系列重大理论和实践问题。首次突破把计划经济同商品经济对立起来的观点，指出我国社会主义经济是在公有制基础上的有计划的商品经济。《决定》的作出和实施，使经济体制改革以城市为重点全面展开。

与此同时，其他领域的体制改革也加快了步伐。1985 年 3 月和 5 月，党中央先后作出了《关于科学技术体制改革的决定》和《关于教育体制改革的决定》，开始推进科技和教育体制的改革。在继续推进城乡改革的同时，我国的对外开放也进一步扩大。1983 年 4 月，党中央和国务院决定对海南岛实行经济特区的某些政策，给予较多的自主权，以加速海南岛的开发，并于 1988 年 4 月建立海南省，将全海南岛辟为经济特区。

随着改革开放的全面展开，加强社会主义精神文明建设的任务被进一步提上了日程。

社会主义精神文明建设的根本任务，是适应社会主义现代化建设的需要，培养有理想、有道德、有文化、有纪律的社会主义公民，提高整个中华民族的思想道德素质和科学文化素质。邓小平在全会

上强调，必须坚持反对资产阶级自由化。搞自由化，就会破坏我们安定团结的政治局面。没有一个安定团结的政治局面，就不可能搞建设。

4. 社会主义初级阶段理论和党的基本路线的确立

1987年10月25日至11月1日，中国共产党第十三次全国代表大会在北京举行。大会比较系统地阐述了关于社会主义初级阶段的理论，完整地概括了中国共产党在社会主义初级阶段"一个中心、两个基本点"的基本路线，制定了下一步经济体制改革和政治体制改革的基本任务和奋斗目标。大会指出，我国正处在社会主义的初级阶段。这个论断，包括两层含义。第一，我国社会已经是社会主义社会，我们必须坚持而不能离开社会主义。第二，我国的社会主义社会还处在初级阶段，我们必须从这个实际出发，而不能超越这个阶段。中国共产党在社会主义初级阶段的基本路线是：领导和团结全国各族人民，以经济建设为中心，坚持四项基本原则，坚持改革开放，自力更生，艰苦创业，为把我国建设成为富强、民主、文明的社会主义现代化国家而奋斗。

大会还提出了经济体制改革和政治体制改革的任务和目标，强调经济体制改革和政治体制改革的目的，都是为了在中国共产党的领导下和社会主义制度下更好地发展社会生产力，充分发挥社会主义的优越性。党的十一届三中全会以后，随着改革开放的

◇ 第五讲　改革开放的伟大成功，中国人民富起来了

不断深入，邓小平对经济发展战略的思考不断趋于成熟。党的十三大正式制定了社会主义现代化建设"三步走"的战略部署：第一步，实现国民生产总值比1980年翻一番，解决人民的温饱问题，这个任务已经基本实现；第二步，到20世纪末，使国民生产总值再增长一倍，人民生活达到小康水平；第三步，到21世纪中叶，人均国民生产总值达到中等发达国家水平，人民生活比较富裕，基本实现现代化。

"三步走"发展战略及相关政策的制定，进一步解决了中国现代化建设的目标、步骤等关系全局的重大问题，对中国未来几十年的发展具有深远的影响。党的十一届三中全会以来的实践历程，正是"三步走"的现代化建设宏伟蓝图逐步变为现实的过程。

党的十二大以后的几年间，我国经济建设在改革开放中取得了重大成就，但也出现了明显的通货膨胀和物价大幅度上涨的问题。为改变严峻的经济形势，1988年9月召开的党的十三届三中全会提出把今后两年改革和建设的重点放到治理经济环境、整顿经济秩序上来。

党的十三届四中全会后，党中央把一度被延误的国民经济治理整顿工作重新提上日程。到1990年底取得了明显的成效：国民经济保持一定的增长速度，粮食生产扭转了前四年的徘徊局面，通货膨胀得到有效控制，产业结构调整开始起步，流通领域的混乱现象得到初步整顿，党政机关办企业的问题得到解决。

◆"四史"专题讲座

二、把中国特色社会主义全面推向 21 世纪

党的十三届四中全会以后,以江泽民同志为主要代表的中国共产党人,团结带领全党全国各族人民,坚持党的基本理论、基本路线,加深了对什么是社会主义、怎样建设社会主义和建设什么样的党、怎样建设党的认识,积累了治党治国新的宝贵经验,形成了"三个代表"重要思想。在国内外形势十分复杂、世界社会主义出现严重曲折的严峻考验面前,捍卫了中国特色社会主义,确立了社会主义市场经济体制的改革目标和基本框架,确立了社会主义初级阶段的基本经济制度和分配制度,开创全面改革开放新局面,推进党的建设新的伟大工程,成功把中国特色社会主义推向 21 世纪。

1. 改革开放新的历史性突破

1992 年 1 月 18 日至 2 月 21 日,邓小平先后视察武昌、深圳、珠海、上海等地,发表重要谈话。邓小平强调,党的基本路线要管一百年,动摇不得。革命是解放生产力,改革也是解放生产力。不坚持社会主义,不改革开放,不发展经济,不改善人民生活,只能是死路一条。他指出,改革开放胆子要大一些,敢于试验。看准了的,就大胆地试,大胆地闯。判断的标准,应该主要看是否有利于发展社会主义社会的生产力,是否有利于增强社会主义

◇第五讲 改革开放的伟大成功，中国人民富起来了

国家的综合国力，是否有利于提高人民的生活水平。计划多一点还是市场多一点，不是社会主义与资本主义的本质区别。计划经济不等于社会主义，资本主义也有计划；市场经济不等于资本主义，社会主义也有市场。计划和市场都是经济手段。社会主义的本质，是解放生产力，发展生产力，消灭剥削，消除两极分化，最终达到共同富裕。社会主义要赢得与资本主义相比较的优势，就必须大胆吸收和借鉴人类社会创造的一切文明成果，包括当今资本主义发达国家的一切反映现代社会化生产规律的先进经营方式和管理方法。中国要警惕右，但主要是防止"左"。邓小平强调，发展才是硬道理。要抓住时机，发展自己，关键是发展经济。发展才是硬道理。科学技术是第一生产力。邓小平指出，中国要出问题，还是出在共产党内部，对这个问题要清醒。要坚持两手抓，一手抓改革开放，一手抓打击各种犯罪活动，这两只手都要硬。在整个改革开放过程中都要反对腐败。

邓小平的南方谈话，在重大历史关头科学地总结了十一届三中全会以来党的基本实践和基本经验，明确回答了长期困扰和束缚人们思想的许多重大认识问题，对整个社会主义现代化建设事业产生了重大而深远的影响。

1992年10月12日至18日，中国共产党第十四次全国代表大会在北京召开。大会确立了邓小平建设有中国特色社会主义理论在全党的指导地位，概括了建设有中国特色社会主义理论的主

要内容，指出这个理论第一次比较系统地初步回答了中国这样的经济文化比较落后的国家如何建设、巩固和发展社会主义的一系列根本性问题，是马克思列宁主义基本原理同当代中国实际和时代特征相结合的产物，是毛泽东思想的继承和发展，是全党和全国人民集体智慧的结晶，是中国共产党和中国人民最可宝贵的精神财富。大会明确提出，我国经济体制改革的目标是建立社会主义市场经济体制。以邓小平南方谈话和党的十四大为标志，改革开放和现代化建设事业进入从计划经济体制向社会主义市场经济体制转变的新阶段，由此打开了中国经济、政治、文化发展的崭新局面。

2. "三个代表"重要思想

党的十三届四中全会以来，以江泽民同志为主要代表的中国共产党人，高举邓小平理论伟大旗帜，准确把握时代特征，科学判断中国共产党所处的历史方位，围绕建设中国特色社会主义这个主题，集中全党智慧，以马克思主义的巨大勇气进行理论创新，逐步形成了"三个代表"重要思想这一系统的科学理论。"三个代表"重要思想作为完整的概念，是2000年2月江泽民在广东考察工作时提出来的。他指出："总结我们党七十多年的历史，可以得出一个重要的结论，这就是：我们党所以赢得人民的拥护，是因为我们党在革命、建设、改革的各个历史时期，总是代表着

◇ 第五讲　改革开放的伟大成功，中国人民富起来了

中国先进生产力的发展要求，代表着中国先进文化的前进方向，代表着中国最广大人民的根本利益。"同年5月，江泽民在江苏、浙江、上海党建工作座谈会的讲话中，又进一步指出，始终做到"三个代表"是中国共产党的立党之本、执政之基、力量之源。2001年7月1日，江泽民在庆祝中国共产党成立80周年大会上发表讲话，系统阐述"三个代表"重要思想的科学内涵和基本内容。我们党要始终代表中国先进生产力的发展要求，就是党的理论、路线、纲领、方针、政策和各项工作，必须努力符合生产力发展的规律，体现不断推动社会生产力的解放和发展的要求，尤其要体现推动先进生产力发展的要求，通过发展生产力不断提高人民群众的生活水平。我们党要始终代表中国先进文化的前进方向，就是党的理论、路线、纲领、方针、政策和各项工作，必须努力体现发展面向现代化、面向世界、面向未来的，民族的科学的大众的社会主义文化的要求，促进全民族思想道德素质和科学文化素质的不断提高，为我国经济发展和社会进步提供精神动力和智力支持。我们党要始终代表中国最广大人民的根本利益，就是党的理论、路线、纲领、方针、政策和各项工作，必须坚持把人民的根本利益作为出发点和归宿，充分发挥人民群众的积极性主动性创造性，在社会不断发展进步的基础上，使人民群众不断获得切实的经济、政治、文化利益。

"三个代表"的要求，是我们党保持先进性、始终成为建设

有中国特色社会主义坚强领导核心的基本要求,与坚持马克思列宁主义、毛泽东思想、邓小平理论,坚持党的工人阶级先锋队性质和全心全意为人民服务的宗旨是一致的。全党同志一定要坚持把全面落实"三个代表"要求,统一于党的建设的各个方面,统一于党领导人民进行改革开放和社会主义现代化建设的全过程。"三个代表"重要思想的提出,在国内外引起强烈反响,全党和全国上下兴起了学习贯彻"三个代表"重要思想的高潮,有力地推动了改革开放和现代化建设的跨世纪发展,也为党的十六大的召开奠定了思想基础。

3. 改革开放和现代化建设的跨世纪发展

1997年2月19日,中国社会主义改革开放和现代化建设的总设计师邓小平逝世。邓小平逝世后,中国能否继续沿着邓小平开辟的建设有中国特色社会主义道路走下去举世关注。同年9月12日至18日,中国共产党第十五次全国代表大会在北京召开。大会的主题是:高举邓小平理论伟大旗帜,把建设有中国特色社会主义事业全面推向21世纪。大会把邓小平理论同马克思列宁主义、毛泽东思想一道确立为中国共产党的指导思想,并写入修改后的《中国共产党章程》。大会指出:作为毛泽东思想的继承和发展的邓小平理论,是当代中国的马克思主义,是马克思主义在中国发展的新阶段。大会阐明了建设有中国特色社会主义的经济、政

◇ 第五讲 改革开放的伟大成功，中国人民富起来了

治和文化的基本目标和基本政策，提出了党在社会主义初级阶段的基本纲领。这是党的基本路线在经济、政治、文化等方面的展开。大会明确了中国跨世纪发展的战略部署，并就社会主义初级阶段的所有制结构和公有制实现形式，推进政治体制改革、依法治国、建设社会主义法治国家等问题提出了新的论断。大会指出：公有制为主体、多种所有制经济共同发展，是中国社会主义初级阶段的一项基本经济制度。公有制的实现形式可以而且应当多样化。依法治国，是党领导人民治理国家的基本方略。

党的十五大在世纪之交的关键时刻，继承邓小平遗志，承前启后、继往开来，明确回答了中国的改革开放和现代化建设继续向前发展的一系列重大理论问题和实践问题，从思想上、政治上、组织上为中国特色社会主义事业的跨世纪发展提供了根本保证。

1998年10月召开的党的十五届三中全会，通过了《中共中央关于农业和农村工作若干重大问题的决定》，进一步推动解决"三农"（农业、农村、农民）问题。1999年9月召开的党的十五届四中全会，通过了《中共中央关于国有企业改革和发展若干重大问题的决定》，提出了推进国有企业改革发展的一系列政策措施，强调从战略上调整国有经济布局，推进国有企业战略性改组，建立和完善现代企业制度。这期间，还出台了推进城镇住房制度改革、医疗保险制度改革和财政税收改革的措施。

2001年12月11日，经过长达15年的艰苦谈判，中国正式

加入世界贸易组织，标志着中国的对外开放进入一个新阶段。这一时期，党和国家在加强党的建设推进依法治国、建设社会主义法治国家方面也取得重要进展。

三、中国特色社会主义不断向前推进

党的十六大以后，以胡锦涛同志为主要代表的中国共产党人，团结带领全党全国各族人民，坚持以邓小平理论和"三个代表"重要思想为指导，根据新的发展要求，深刻认识和回答了新形势下实现什么样的发展、怎样发展等重大问题，形成了科学发展观，抓住重要战略机遇期，在全面建设小康社会进程中推进实践创新、理论创新、制度创新，强调坚持以人为本、全面协调可持续发展，形成中国特色社会主义事业总体布局，着力保障和改善民生，促进社会公平正义，推动建设和谐世界，推进党的执政能力建设和先进性建设，成功在新的历史起点上坚持和发展了中国特色社会主义。

1. 党的十六大与世纪之初的行动纲领

21世纪，对于全人类来说，是又一个新的百年的到来，一个新的千年的到来。几乎所有的国家都在谋划新的未来，都在寻求

◇第五讲　改革开放的伟大成功，中国人民富起来了

新的发展机遇。当人类社会跨入21世纪的时候，我国进入全面建设小康社会、加快推进社会主义现代化的新的发展阶段。国际局势正在发生深刻变化。世界多极化和经济全球化的趋势在曲折中发展，科技进步日新月异，综合国力竞争日趋激烈。形势逼人，不进则退。党的十六大勾画出的新世纪头20年的发展愿景，鼓舞了全国各族人民的坚定信心。

2002年11月8日至14日，中国共产党第十六次全国代表大会在北京召开。中国共产党第十六次全国代表大会，是我们党在新世纪召开的第一次代表大会，也是我们党在开始实施社会主义现代化建设第三步战略部署的新形势下召开的一次十分重要的代表大会。大会的主题是：高举邓小平理论伟大旗帜，全面贯彻"三个代表"重要思想，继往开来，与时俱进，全面建设小康社会，加快推进社会主义现代化，为开创中国特色社会主义事业新局面而奋斗。大会明确了全面建设小康社会的奋斗目标。提出要在本世纪头20年，紧紧抓住这一重要战略机遇期，集中力量，全面建设惠及十几亿人口的更高水平的小康社会，使经济更加发展、民主更加健全、科教更加进步、文化更加繁荣、社会更加和谐、人民生活更加殷实。这是实现现代化建设第三步战略目标必经的承上启下的发展阶段，也是完善社会主义市场经济体制和扩大对外开放的关键阶段。

随即召开的党的十六届一中全会选举产生了中央政治局，选

举胡锦涛为中共中央总书记，决定江泽民为中共中央军事委员会主席。2003年3月，第十届全国人民代表大会第一次会议选举胡锦涛为国家主席，江泽民为国家中央军事委员会主席，吴邦国为全国人大常委会委员长，决定温家宝为国务院总理；全国政协十届一次会议选举贾庆林为政协第十届全国委员会主席。2004年9月，党的十六届四中全会通过《关于同意江泽民同志辞去中共中央军事委员会主席职务的决定》，决定胡锦涛为中共中央军事委员会主席。党和国家的中央领导集体再一次实现了平稳交接。

2. 科学发展观

2003年上半年，我国经受了一场抗击"非典"疫情的严峻考验。同年7月，胡锦涛在全国防治"非典"工作会议上，阐述了加强经济社会协调发展、统筹城乡经济社会发展的要求。同年10月，党的十六届三中全会提出了坚持以人为本、全面、协调、可持续的科学发展观。2004年3月，胡锦涛在中央人口资源环境工作座谈会上，进一步阐明了科学发展观。

科学发展观，是以胡锦涛同志为总书记的党中央坚持以邓小平理论和"三个代表"重要思想为指导，立足社会主义初级阶段基本国情，总结我国发展实践，借鉴国外发展经验，适应新的发展要求提出来的。科学发展观，第一要义是发展，核心是以人为本，基本要求是全面协调可持续，根本方法是统筹兼顾。它深刻

◇第五讲　改革开放的伟大成功，中国人民富起来了

认识和回答了新形势下实现什么样的发展、怎样发展等重大问题，成为发展中国特色社会主义必须坚持和贯彻的重大战略思想。

2004年9月，党的十六届四中全会提出构建社会主义和谐社会的战略任务。2005年2月，胡锦涛在中央党校省部级主要领导干部专题研讨班开班式上，对构建社会主义和谐社会的重大战略思想作了全面论述。构建社会主义和谐社会战略思想的提出，使中国特色社会主义事业的总体布局由经济建设、政治建设、文化建设"三位一体"发展为经济建设、政治建设、文化建设、社会建设"四位一体"，丰富和发展了马克思主义关于社会主义社会建设的理论。

2006年10月，党的十六届六中全会审议通过了《中共中央关于构建社会主义和谐社会若干重大问题的决定》（以下简称《决定》）。《决定》指出：社会和谐是中国特色社会主义的本质属性。构建社会主义和谐社会是一个不断化解社会矛盾的持续过程。我们要构建的社会主义和谐社会，是在中国特色社会主义道路上，中国共产党领导全体人民共同建设、共同享有的和谐社会。决定首次将"和谐"列入现代化建设的奋斗目标，号召全国各族人民"为把我国建设成为富强民主文明和谐的社会主义现代化国家而奋斗"。

2007年10月15日至21日，中国共产党第十七次全国代表大会在北京召开。大会的主题是：高举中国特色社会主义伟大旗帜，以邓小平理论和"三个代表"重要思想为指导，深入贯彻落实科学发展观，继续解放思想，坚持改革开放，推动科学发展，促进

社会和谐，为夺取全面建设小康社会新胜利而奋斗。大会强调，深入贯彻落实科学发展观，要求始终坚持"一个中心、两个基本点"的基本路线。党的基本路线是党和国家的生命线，是实现科学发展的政治保证。以经济建设为中心是兴国之要，四项基本原则是立国之本，改革开放是强国之路。全党同志必须始终保持清醒头脑，坚持把以经济建设为中心同四项基本原则、改革开放这两个基本点统一于发展中国特色社会主义的伟大实践。大会通过了关于《中国共产党章程（修正案）》的决议。大会一致同意将科学发展观写入党章。

3.改革开放和现代化建设的巨大成就

2017年7月26日，习近平总书记在省部级主要领导干部专题研讨班上发表重要讲话指出，党的十八大以来，在新中国成立特别是改革开放以来我国发展取得的重大成就基础上，党和国家事业发生历史性变革，我国发展站到了新的历史起点上，中国特色社会主义进入了新的发展阶段。中国特色社会主义不断取得的重大成就，意味着近代以来久经磨难的中华民族实现了从站起来、富起来到强起来的历史性飞跃，意味着社会主义在中国焕发出强大生机活力并不断开辟发展新境界，意味着中国特色社会主义拓展了发展中国家走向现代化的途径，为解决人类问题贡献了中国智慧、提供了中国方案。其中"从站起来、富起来到强起来的历

◇ 第五讲 改革开放的伟大成功，中国人民富起来了

史性飞跃"的论断，既简明扼要地概括了近代以来中国实现飞跃的历史进程，又深刻揭示了中国特色社会主义不断开辟发展新境界的历史意义。

习近平总书记指出："40年的实践充分证明，改革开放是党和人民大踏步赶上时代的重要法宝，是坚持和发展中国特色社会主义的必由之路，是决定当代中国命运的关键一招，也是决定实现'两个一百年'奋斗目标、实现中华民族伟大复兴的关键一招。"①

从1982年党的十二大提出"建设有中国特色的社会主义"以后，改革开放在全国展开，给我国经济、政治、文化、社会、人民生活带来了空前深刻的变化。从1978年到2017年，我国国内生产总值增长33.5倍，年均增长9.5%，远高于世界经济同期年均2.9%的增速，经济规模从1978年世界第11位到2010年跃居世界第2位，中国人民从温饱迈向全面小康。我国40多年的改革开放，走完了发达国家几百年走过的工业化进程，实现了中国人民千百年来梦寐以求的脱贫夙愿。

实行改革开放以来，我们始终坚持以经济建设为中心，不断解放和发展社会生产力，使得我国国内生产总值占世界生产总值的比重由改革开放之初的1.8%上升到15.2%，多年来对世界经济增长贡献率超过30%。我国货物进出口总额从206亿美元增长到

---

① 《习近平新时代中国特色社会主义思想学习纲要》，学习出版社、人民出版社2019年版，第83页。

超过4万亿美元,累计使用外商直接投资超过2万亿美元,对外投资总额达到1.9万亿美元。我国主要农产品产量跃居世界前列,建立了全世界最完整的现代工业体系,科技创新和重大工程捷报频传。我国基础设施建设成就显著,信息畅通,公路成网,铁路密布,高坝矗立,西气东输,南水北调,高铁飞驰,巨轮远航,飞机翱翔,天堑变通途。现在,我国是世界第二大经济体、制造业第一大国、货物贸易第一大国、商品消费第二大国、外资流入第二大国,我国外汇储备连续多年位居世界第一,中国人民在富起来、强起来的征程上迈出了决定性的步伐!

第六讲

中国特色社会主义进入新时代，开启中华民族伟大复兴新征程

党的十八大以来，党中央团结带领全党全国各族人民，全面审视国际国内新的形势，通过总结实践、展望未来，深刻回答了新时代坚持和发展什么样的中国特色社会主义、怎样坚持和发展中国特色社会主义这个重大时代课题，形成了新时代中国特色社会主义思想，坚持统筹推进"五位一体"总体布局、协调推进"四个全面"战略布局，坚持稳中求进工作总基调，对党和国家各方面工作提出一系列新理念新思想新战略，推动党和国家事业发生历史性变革、取得历史性成就，中国特色社会主义进入了新时代。我们以巨大的政治勇气和智慧，提出全面深化改革总目标是完善和发展中国特色社会主义制度、推进国家治理体系和治理能力现代化，着

力增强改革系统性、整体性、协同性,着力抓好重大制度创新,着力提升人民群众获得感、幸福感、安全感,推出1600多项改革方案,啃下了不少硬骨头,闯过了不少急流险滩,改革呈现全面发力、多点突破、蹄疾步稳、纵深推进的局面。

◇第六讲　中国特色社会主义进入新时代，开启中华民族伟大复兴新征程

一、中国特色社会主义进入新时代

2017年10月18日，中国共产党第十九次全国代表大会在北京开幕。习近平总书记代表第十八届中央委员会向大会作了题为《决胜全面建成小康社会　夺取新时代中国特色社会主义伟大胜利》的报告，指出"中国特色社会主义进入了新时代"。

1. 我国发展新的历史方位

习近平总书记指出："经过长期努力，中国特色社会主义进入了新时代，这是我国发展新的历史方位。"[①] 这一重大政治论断，赋予党的历史使命、理论遵循、目标任务以新的时代内涵，为我们深刻把握当代中国发展的新阶段新特征，科学制定党的路线方针政策提供了时代坐标和基本依据。回顾党领导人民的奋斗历程，革命也好，建设也好，改革也好，都经历了从量的积累到质的飞跃的不同发展阶段。坚持和发展中国特色社会主义，必须把握时代特点、直面时代课题，在体现时代性、把握规律性、富于创造性中不断展现蓬勃的生机活力。

明确中国特色社会主义进入新时代，这是我们党在科学把握

---

① 习近平：《决胜全面建成小康社会　夺取新时代中国特色社会主义伟大胜利——在中国共产党第十九次全国代表大会上的报告》，人民出版社2017年版，第10页。

世情国情党情深刻变化的基础上，作出的一项关系全局的重大战略考量，进一步彰显了中国共产党与时代共同进步的先进性本色，体现了把握历史规律和历史趋势的高度自觉和高度自信。从发展阶段看，党的十八大以来，改革开放和社会主义现代化建设取得历史性成就，我国发展站到了新的历史起点上，中国特色社会主义进入新的发展阶段。党的理论创新实现了新飞跃，党的执政方式和执政方略有重大创新，发展理念和发展方式有重大转变，发展环境和发展条件有重大变化，发展水平和发展要求变得更高。从社会主要矛盾看，我国社会主要矛盾已经由人民日益增长的物质文化需要同落后的社会生产之间的矛盾，转化为人民日益增长的美好生活需要和不平衡不充分的发展之间的矛盾。这一重大历史性变化，对发展全局产生了广泛而深刻的影响。从奋斗目标看，党的十九大到党的二十大是"两个一百年"奋斗目标的历史交汇期，我们既要全面建成小康社会、实现第一个百年奋斗目标，又要乘势而上开启全面建设社会主义现代化国家新征程，向第二个百年奋斗目标进军。从国际地位看，当代中国正处在从大国走向强国的关键时期，已不再是国际秩序的被动接受者，而是积极的参与者、建设者、引领者。世界对中国的关注，从未像今天这样广泛、深切、聚焦；中国对世界的影响，也从未像今天这样全面、深刻、长远。这些重大变化，都需要从新的历史方位、新的时代坐标来科学认识和全面把握。历史车轮滚滚向前，时代潮流浩浩荡荡。一个国家、

◇ **第六讲　中国特色社会主义进入新时代，开启中华民族伟大复兴新征程**

一个民族要振兴，就必须在历史前进的逻辑中前进、在时代发展的潮流中发展。中国特色社会主义进入新时代，是新中国成立以来特别是改革开放以来我国社会发展进步的必然结果，是我国社会主要矛盾变化的必然结果，也是我们党团结带领全国各族人民开创光明未来的必然要求。

中国特色社会主义进入新时代，在中华人民共和国发展史上、中华民族发展史上具有重大意义，在世界社会主义发展史上、人类社会发展史上也具有重大意义。这意味着，近代以来久经磨难的中华民族迎来了从站起来、富起来到强起来的伟大飞跃，迎来了实现中华民族伟大复兴的光明前景。这意味着，科学社会主义在21世纪的中国焕发出强大生机活力，在世界上高高举起了中国特色社会主义伟大旗帜。这意味着，中国特色社会主义道路、理论、制度、文化不断发展，拓展了发展中国家走向现代化的途径，给世界上那些既希望加快发展又希望保持自身独立性的国家和民族提供了全新选择，为解决人类问题贡献了中国智慧和中国方案。

2. 中国特色社会主义的新时代

习近平总书记强调，"新时代是中国特色社会主义新时代，而不是别的什么新时代"[①]。这个新时代，既同改革开放以来的发

[①] 《习近平新时代中国特色社会主义思想三十讲》，学习出版社2018年版，第58页。

展历程一脉相承,又体现了很多与时俱进的新特征,内涵丰富、意蕴深远。这个新时代,是承前启后、继往开来、在新的历史条件下继续夺取中国特色社会主义伟大胜利的时代。我们党带领人民成功开创、发展了中国特色社会主义道路,创造了一个个举世瞩目的中国奇迹。在新时代,我们党治国理政第一位的任务,就是紧紧围绕坚持和发展中国特色社会主义这个主题,适应中国特色社会主义发展的新要求,接力探索,接续奋斗,让社会主义在中国展现出更加强大的生命力。

这个新时代,是决胜全面建成小康社会、进而全面建设社会主义现代化强国的时代。党的十九大提出在全面建成小康社会的基础上,分两步走在本世纪中叶建成社会主义现代化强国的战略安排。在新时代要坚忍不拔、锲而不舍,统筹推进"五位一体"总体布局,协调推进"四个全面"战略布局,贯彻落实党中央各项部署,确保决胜全面建成小康社会圆满收官,并在此基础上谱写全面建设社会主义现代化国家新篇章。这个新时代,是全国各族人民团结奋斗、不断创造美好生活、逐步实现全体人民共同富裕的时代。带领人民创造美好生活、实现共同富裕,是我们党矢志不渝的奋斗目标。在新时代,要时刻不忘初心,始终把实现好、维护好、发展好最广大人民根本利益作为最高标准,不断提高保障和改善民生水平,不断促进社会公平正义,着力使全体人民享有更加幸福安康的生活,着力在实现全体人民共同富裕上取得实

◇第六讲　中国特色社会主义进入新时代，开启中华民族伟大复兴新征程

实在在的新进展。这个新时代，是全体中华儿女勠力同心、奋力实现中华民族伟大复兴中国梦的时代。实现中华民族伟大复兴，是中国共产党的历史使命。新中国的成立，为民族复兴奠定坚实基础。改革开放新的伟大革命，为民族复兴注入强大生机活力。在新时代，凝聚起全体中华儿女同心共筑中国梦的磅礴力量，牢记使命、奋发有为、砥砺前行，就一定能够到达民族复兴的光辉彼岸。这个新时代，是我国日益走近世界舞台中央、不断为人类作出更大贡献的时代。中国人民历来把自己的前途命运同各国人民的前途命运紧密联系在一起，中国共产党始终把为人类作出新的更大的贡献作为自己的使命。在新时代，中国与世界的关系发生深刻变化，我国同国际社会的互联互动空前紧密，成为促进世界和平与发展的强大力量。必须统筹国内国际两个大局，坚持和平发展道路，推动构建人类命运共同体。

3. 社会主要矛盾的变化

习近平总书记指出："中国特色社会主义进入新时代，我国社会主要矛盾已经转化为人民日益增长的美好生活需要和不平衡不充分的发展之间的矛盾。"[①] 这一重大政治论断，反映了我国社

---

① 习近平：《决胜全面建成小康社会　夺取新时代中国特色社会主义伟大胜利——在中国共产党第十九次全国代表大会上的报告》，人民出版社2017年版，第11页。

会发展的客观实际,指明了解决当代中国发展主要问题的根本着力点,丰富发展了马克思主义关于社会矛盾的学说。人类社会是在矛盾运动中不断向前发展的,社会主要矛盾是各种社会矛盾的主要根源和集中反映,在社会矛盾运动中居于主导地位。抓住主要矛盾带动全局工作,是唯物辩证法的要求,也是我们党一贯倡导和坚持的方法。推动党和国家事业不断向前发展,必须找准我国社会的主要矛盾。

关于我国社会主要矛盾的提法,1956年党的八大指出:"我们国内的主要矛盾,已经是人民对于建立先进的工业国的要求同落后的农业国的现实之间的矛盾,已经是人民对于经济文化迅速发展的需要同当前经济文化不能满足人民需要的状况之间的矛盾。"[1] 这个论断,是符合当时我国实际的。但是后来发生"左"的错误,背离了党的八大关于我国社会主要矛盾的正确判断。改革开放以后,我们党在对历史经验和我国国情作出科学分析的基础上,对党的八大关于社会主要矛盾的提法作了进一步概括,提出我国社会的主要矛盾是"人民日益增长的物质文化需要同落后的社会生产之间的矛盾"。我们党根据这一论断制定和坚持了正确的路线方针政策,推动中国特色社会主义事业取得了巨大成就。

随着改革开放的深入推进,随着中国特色社会主义的深入发

---

[1] 《习近平新时代中国特色社会主义思想学习纲要》,学习出版社、人民出版社2019年版,第18页。

◇ 第六讲　中国特色社会主义进入新时代，开启中华民族伟大复兴新征程

展，我国社会主要矛盾发生了重大变化。我国稳定解决了十几亿人的温饱问题，总体上实现小康，不久将全面建成小康社会，人民美好生活需要日益广泛，不仅对物质文化生活提出了更高要求，而且在民主、法治、公平、正义、安全、环境等方面的要求日益增长。同时，我国社会生产力水平总体上显著提高，社会生产能力在很多方面进入世界前列，更加突出的问题是发展不平衡不充分。发展不平衡，主要指各区域各领域各方面发展不够平衡，存在"一条腿长、一条腿短"的失衡现象，制约了整体发展水平提升。发展不充分，主要指一些地区、一些领域、一些方面还存在发展不足的问题，发展的任务仍然很重。发展不平衡不充分问题，已经成为满足人民日益增长的美好生活需要的主要制约因素。发展是动态过程，不平衡不充分是永远存在的，平衡是相对的，但当发展到了一定阶段后不平衡不充分成为社会主要矛盾的主要方面时，就必须下功夫去认识它、解决它，否则就会制约发展全局。

　　我国社会主要矛盾的变化是关系全局的历史性变化，对党和国家工作提出了许多新要求。要在继续推动发展的基础上，着力解决好发展不平衡不充分问题，大力提升发展质量和效益，更好满足人民在经济、政治、文化、社会、生态等方面日益增长的需要，更好推动人的全面发展、社会全面进步。我国社会主要矛盾的变化，没有改变我们对我国社会主义所处历史阶段的判断，我国仍处于并将长期处于社会主义初级阶段的基本国情没有变，我国是世界最大发

展中国家的国际地位没有变。要牢牢把握社会主义初级阶段这个基本国情，牢牢立足社会主义初级阶段这个最大实际，牢牢坚持党的基本路线，既不落后于时代，也不能脱离实际、超越阶段。

新时代是奋斗者的时代。新时代属于每一个人，每一个人都是新时代的见证者、开创者、建设者。今天，我们实现了从"赶上时代"到"引领时代"的伟大跨越。要不忘初心、牢记使命，以永不懈怠的精神状态和一往无前的奋斗姿态，一以贯之坚持和发展中国特色社会主义，一以贯之推进党的建设新的伟大工程，一以贯之增强忧患意识、防范风险挑战，开新局于伟大的社会革命，强体魄于伟大的自我革命，在广袤国土上继续书写14亿多中国人民伟大奋斗的历史新篇章。

二、中华民族伟大复兴的中国梦

中国梦是党的十八大召开以来，习近平总书记所提出的重要指导思想和重要执政理念。习近平总书记于2012年11月29日参观《复兴之路》展览时正式提出中国梦这一概念。2017年10月18日，习近平总书记在党的十九大报告中指出，实现中华民族伟大复兴是近代以来中华民族最伟大的梦想。中国共产党一经成立，就把实现共产主义作为党的最高理想和最终目标，义无反顾肩负

◇ 第六讲　中国特色社会主义进入新时代，开启中华民族伟大复兴新征程

起实现中华民族伟大复兴的历史使命，团结带领人民进行了艰苦卓绝的斗争，谱写了气吞山河的壮丽史诗。习近平总书记指出，实现伟大梦想，必须进行伟大斗争；必须建设伟大工程；必须推进伟大事业。

1. 实现中国梦是中国共产党的历史使命

只有创造过辉煌的民族，才懂得复兴的意义；只有经历过苦难的民族，才对复兴有如此深切的渴望。中华民族创造了灿烂的中华文明，为人类作出了卓越贡献，成为世界上伟大的民族。鸦片战争后，由于西方列强的入侵和封建统治的腐败，中国逐渐陷入半殖民地半封建社会的黑暗深渊，中国人民经历了战乱频仍、山河破碎、民不聊生的深重苦难。自强不息的中华民族从未放弃对美好梦想的向往和追求。

习近平总书记指出："实现中华民族伟大复兴，就是中华民族近代以来最伟大的梦想。"①为了实现这个伟大梦想，中国人民和无数仁人志士进行了千辛万苦的探索和不屈不挠的斗争。可是，从太平天国运动、戊戌变法到义和团运动，一次次奋起抗争都失败了。中华民族追求梦想的道路艰难曲折。为了实现民族复兴，亿万人魂牵梦萦，几代人上下求索，奋勇不屈的中国人民在黑暗

---

① 《习近平谈治国理政》，外文出版社2014年版，第36页。

中艰难前行。直到以马克思主义为指导、勇担民族复兴大任的无产阶级政党——中国共产党登上历史舞台,中华民族才终于迎来凤凰涅槃、浴火重生的曙光。

十月革命一声炮响,给中国送来了马克思列宁主义。中国先进分子从马克思列宁主义的科学真理中看到了解决中国问题的出路。在近代以后中国社会的剧烈运动中,在中国人民反抗封建统治和外来侵略的激烈斗争中,在马克思列宁主义同中国工人运动的结合过程中,中国共产党应运而生。从此,中国人民谋求民族独立、人民解放和国家富强、人民幸福的斗争就有了主心骨,中国人民就从精神上由被动转为主动。

实现中华民族伟大复兴,必须推翻压在中国人民头上的帝国主义、封建主义、官僚资本主义三座大山,实现民族独立、人民解放、国家统一、社会稳定。我们党团结带领人民找到了一条以农村包围城市、武装夺取政权的正确革命道路,进行了28年浴血奋战,打败日本帝国主义,推翻国民党反动统治,完成了新民主主义革命,建立了中华人民共和国,实现了中国从几千年封建专制政治向人民民主的伟大飞跃。

实现中华民族伟大复兴,必须建立符合我国实际的先进社会制度。我们党团结带领人民完成社会主义革命,确立社会主义基本制度,推进社会主义建设,完成了中华民族有史以来最为广泛而深刻的社会变革,为当代中国一切发展进步奠定了根本政治前

◇第六讲　中国特色社会主义进入新时代，开启中华民族伟大复兴新征程

提和制度基础，实现了中华民族由近代不断衰落到根本扭转命运、持续走向繁荣富强的伟大飞跃。

实现中华民族伟大复兴，必须合乎时代潮流、顺应人民意愿，勇于改革开放，让党和人民事业始终充满奋勇前进的强大动力。我们党团结带领人民进行改革开放新的伟大革命，破除阻碍国家和民族发展的一切思想和体制障碍，极大激发广大人民群众的创造性，极大解放和发展社会生产力，极大增强社会发展活力，形成了中国特色社会主义道路、理论、制度、文化，使中国大踏步赶上时代。

中国共产党领导中国人民取得的伟大胜利，使具有5000多年文明历史的中华民族全面迈向现代化，让中华文明在现代化进程中焕发出新的蓬勃生机；使具有500年历史的社会主义主张在世界上人口最多的国家成功开辟出具有高度现实性和可行性的正确道路，让科学社会主义在21世纪焕发出新的蓬勃生机；使具有70多年历史的新中国建设取得举世瞩目的成就，中国这个世界上最大的发展中国家在短短40多年里摆脱贫困并跃升为世界第二大经济体，彻底摆脱被开除球籍的危险，创造了人类社会历史上惊天动地的发展奇迹，使中华民族焕发出新的蓬勃生机。实现中华民族伟大复兴展现出无比灿烂的前景。

2. 中国梦的本质是国家富强、民族振兴、人民幸福

实现中华民族伟大复兴的中国梦,就是要实现国家富强、民族振兴、人民幸福。这既深深体现了今天中国人的理想,也深深反映了中国人自古以来不懈追求进步的光荣传统。

中国梦视野宽广、内涵丰富、意蕴深远。国家富强,就是要全面建成小康社会,并在此基础上建设富强民主文明和谐美丽的社会主义现代化强国;民族振兴,就是要使中华民族更加坚强有力地自立于世界民族之林,为人类作出新的更大的贡献;人民幸福,就是要坚持以人民为中心,增进人民福祉,促进人的全面发展,朝着共同富裕方向稳步前进。中国梦把国家的追求、民族的向往、人民的期盼融为一体,体现了中华民族和中国人民的整体利益,表达了每一个中华儿女的共同愿景,已成为激荡在14亿多人心中的高昂旋律,成为中华民族团结奋斗的最大公约数和最大同心圆。

中国梦归根到底是人民的梦,必须紧紧依靠人民来实现,必须不断为人民造福。人民是中国梦的主体,是中国梦的创造者和享有者。习近平总书记强调:"中国梦不是镜中花、水中月,不是空洞的口号,其最深沉的根基在中国人民心中。"[1]

中国人民是伟大的人民,素来有着深沉厚重的精神追求,具有伟大的梦想精神,即使近代以来饱尝屈辱和磨难,也绝不自甘

---

[1] 《习近平新时代中国特色社会主义思想三十讲》,学习出版社2018年版,第37页。

◇ 第六讲　中国特色社会主义进入新时代，开启中华民族伟大复兴新征程

沉沦，而是始终怀揣民族复兴的梦想，追求光明美好的未来。中国梦的深厚源泉在于人民，根本归宿也在于人民，只有同人民对美好生活的向往结合起来才能取得成功。

中国梦是国家的梦、民族的梦，也是每一个中华儿女的梦。"得其大者可以兼其小。"国家好、民族好，大家才会好。中国梦就是要让每个人获得发展自我和奉献社会的机会，共同享有人生出彩的机会，共同享有梦想成真的机会，共同享有同祖国和时代一起成长与进步的机会。只要每个人都把人生理想融入国家和民族的伟大梦想之中，把小我融入大我，敢于有梦、勇于追梦、勤于圆梦，就会汇聚起实现中国梦的强大力量。实现中华民族伟大复兴是海内外中华儿女的共同梦想，要团结一切可以团结的力量，共担民族复兴的责任，共享民族复兴的荣耀。

中国梦是中国人民追求幸福的梦，也同世界人民的梦想息息相通。"穷则独善其身，达则兼济天下。"这是中华民族始终崇尚的品德和胸怀。中国一心一意办好自己的事情，实现国家发展和稳定，既是对自己负责，也是为世界作贡献。中国人民深知，中国发展得益于国际社会，愿意同各国人民在实现各自梦想的过程中相互支持、相互帮助。中国将同国际社会一道，推动实现持久和平、共同繁荣的世界梦，为人类和平与发展的崇高事业作出新的更大的贡献！

3. 实现伟大梦想必须进行伟大斗争、建设伟大工程、推进伟大事业

今天，我们比历史上任何时期都更接近、更有信心和能力实现中华民族伟大复兴的目标。习近平总书记指出："行百里者半九十。中华民族伟大复兴，绝不是轻轻松松、敲锣打鼓就能实现的。全党必须准备付出更为艰巨、更为艰苦的努力。"①实现伟大梦想，必须进行伟大斗争。社会是在矛盾运动中前进的，有矛盾就会有斗争。我们党要团结带领人民有效应对重大挑战、抵御重大风险、克服重大阻力、化解重大矛盾、解决重大问题，必须进行具有许多新的历史特点的伟大斗争。要牢牢掌握斗争主动权，发扬斗争精神、增强斗争本领，敢于斗争、善于斗争，在事关中国特色社会主义前途命运的大是大非问题上坚定不移，在改革发展稳定工作中敢于碰硬，在全面从严治党上敢于动硬，在维护国家核心利益上敢于针锋相对，不在困难面前低头，不在挑战面前退缩，不拿原则做交易，不在任何压力下吞下损害中华民族根本利益的苦果。充分认识这场伟大斗争的长期性、复杂性、艰巨性，到重大斗争一线去真枪真刀磨砺，以"踏平坎坷成大道，斗罢艰险又出发"的顽强意志，不断夺取伟大斗争新胜利。

实现伟大梦想，必须建设伟大工程。这个伟大工程就是我们

---

① 《习近平新时代中国特色社会主义思想三十讲》，学习出版社2018年版，第39页。

◇第六讲　中国特色社会主义进入新时代，开启中华民族伟大复兴新征程

党正在深入推进的党的建设新的伟大工程。历史已经并将继续证明，没有中国共产党的领导，民族复兴必然是空想。我们党要始终成为时代先锋、民族脊梁，始终成为马克思主义执政党，自身必须始终过硬。全党要更加自觉地坚定党性原则，勇于直面问题，敢于刮骨疗毒，消除一切损害党的先进性和纯洁性的因素，清除一切侵蚀党的健康肌体的病毒，确保我们党永葆旺盛生命力和强大战斗力，确保党在世界形势深刻变化的历史进程中始终走在时代前列，在应对国内外各种风险和考验的历史进程中始终成为全国人民的主心骨，在坚持和发展中国特色社会主义的历史进程中始终成为坚强领导核心。

　　实现伟大梦想，必须推进伟大事业。中国特色社会主义是改革开放以来党的全部理论和实践的主题。我们党紧紧依靠人民，从根本上改变了中国人民和中华民族的前途命运，不可逆转地结束了近代以后中国内忧外患、积贫积弱的悲惨命运，不可逆转地开启了中华民族不断发展壮大、走向伟大复兴的历史进军。全党要始终高举中国特色社会主义伟大旗帜，更加自觉地增强中国特色社会主义自信，不懈探索和把握中国特色社会主义规律，保持政治定力，坚持实干兴邦，始终坚持和发展中国特色社会主义。

　　在近代以来漫长的历史进程中，中国人民经历了太多太多的磨难，付出了太多太多的牺牲，进行了太多太多的拼搏。现在，中国人民和中华民族在历史进程中积累的强大能量已经充分爆发

出来了，为实现中华民族伟大复兴提供了势不可当的磅礴力量。

伟大梦想不是等得来、喊得来的，而是拼出来、干出来的。在这个千帆竞发、百舸争流的时代，我们绝不能有半点骄傲自满、固步自封，也绝不能有丝毫犹豫不决、徘徊彷徨，必须统揽伟大斗争、伟大工程、伟大事业、伟大梦想，勇立潮头、奋勇搏击。中华民族伟大复兴的中国梦一定要实现，也一定能够实现。

三、夺取新时代中国特色社会主义伟大胜利

新时代孕育新思想，新思想指导新实践。党的十八大以来，党和国家事业之所以取得全方位、开创性历史成就，发生深层次、根本性历史变革，根本在于以习近平同志为核心的党中央的坚强领导，根本在于习近平新时代中国特色社会主义思想的科学指导。习近平新时代中国特色社会主义思想是当代中国马克思主义、21世纪马克思主义，是引领党和国家事业不断从胜利走向新的胜利的强大思想武器和行动指南。坚持用习近平新时代中国特色社会主义思想武装头脑，根本目的在于指导实践、推动工作，根本在于夺取新时代中国特色社会主义伟大胜利、实现中华民族伟大复兴的中国梦、实现人民对美好生活的向往。

◇第六讲　中国特色社会主义进入新时代，开启中华民族伟大复兴新征程

1. 在新时代坚持和发展中国特色社会主义

2017年10月18日至24日，中国共产党第十九次全国代表大会在北京举行。这是在全面建成小康社会决胜阶段、中国特色社会主义进入新时代的关键时期召开的一次十分重要的大会。大会的主题是：不忘初心，牢记使命，高举中国特色社会主义伟大旗帜，决胜全面建成小康社会，夺取新时代中国特色社会主义伟大胜利，为实现中华民族伟大复兴的中国梦不懈奋斗。大会通过的十八届中央委员会的报告，描绘了决胜全面建成小康社会、夺取新时代中国特色社会主义伟大胜利的宏伟蓝图，进一步指明了党和国家事业的前进方向，是中国共产党团结带领全国各族人民在新时代坚持和发展中国特色社会主义的政治宣言和行动纲领，是马克思主义的纲领性文献。

大会强调，习近平新时代中国特色社会主义思想，是对马克思列宁主义、毛泽东思想、邓小平理论、"三个代表"重要思想、科学发展观的继承和发展，是马克思主义中国化最新成果，是党和人民实践经验和集体智慧的结晶，是中国特色社会主义理论体系的重要组成部分，是全党全国人民为实现中华民族伟大复兴而奋斗的行动指南，必须长期坚持并不断发展。大会通过的党章修正案把习近平新时代中国特色社会主义思想确立为党的行动指南，实现了党的指导思想的又一次与时俱进。

习近平新时代中国特色社会主义思想内涵十分丰富，涵盖新

时代坚持和发展中国特色社会主义的总目标、总任务、总体布局、战略布局和发展方向、发展方式、发展动力、战略步骤、外部条件、政治保证等基本问题，并根据新的实践对经济、政治、法治、科技、文化、教育、民生、民族、宗教、社会、生态文明、国家安全、国防和军队、"一国两制"和祖国统一、统一战线、外交、党的建设等各方面作出新的理论概括和战略指引。习近平新时代中国特色社会主义思想的核心内容是"八个明确"和"十四个坚持"。

随后召开的党的十九届一中全会选举产生了中央政治局，选举习近平为中共中央总书记，决定习近平为中共中央军事委员会主席。

2. 更好发挥宪法对新时代中国特色社会主义发展的保障作用

2018年1月18日至19日，党的十九届二中全会在北京举行。全会从党和国家事业发展全局出发，高度肯定了我国现行宪法在改革开放和社会主义现代化建设实践中发挥的重要作用，高度评价了以习近平同志为核心的党中央全面依法治国取得的重大成就，明确指出了我国宪法发展的特点和规律，确立了这次宪法修改的总体要求和原则，审议通过了《中共中央关于修改宪法部分内容的建议》。这对于更好发挥宪法对新时代坚持和发展中国特色社会主义的重大作用，为实现"两个一百年"奋斗目标和中华民族伟大复兴的中国梦提供有力宪法保障，具有重大现实意义和深远

◇第六讲　中国特色社会主义进入新时代，开启中华民族伟大复兴新征程

历史意义。

党的十八大以来，以习近平同志为核心的党中央以前所未有的力度推进全面依法治国进程，坚持依法治国、依法执政、依法行政共同推进，坚持法治国家、法治政府、法治社会一体建设，坚持依法治国和以德治国相结合，坚持依法治国和依规治党有机统一，社会主义法治国家建设取得了历史性成就。我们党高度重视宪法在治国理政中的重要地位和作用，明确坚持依法治国首先要坚持依宪治国，坚持依法执政首先要坚持依宪执政，把实施宪法摆在全面依法治国的突出位置，采取一系列有力措施加强宪法实施和监督工作，为保证宪法实施提供了强有力的政治和制度保障。

宪法是治国安邦的总章程，是党和人民意志的集中体现。宪法修改充分体现党的领导、人民当家作主、依法治国有机统一，充分体现党的主张和人民意志有机统一，我们就一定能推动宪法与时俱进、完善发展，为新时代坚持和发展中国特色社会主义提供有力宪法保障。党的十九届二中全会修改宪法部分内容，把党和人民在实践中取得的重大理论创新、实践创新、制度创新成果上升为宪法规定，由宪法及时确认党和人民创造的伟大成就和宝贵经验，是为了更好发挥宪法的规范、引领、推动、保障作用，是实践发展的必然要求。

依法治国是党领导人民治理国家的基本方略，法治是治国理政的基本方式。宪法具有最高的法律地位、法律权威、法律效力，

具有根本性、全局性、稳定性、长期性。维护宪法尊严和权威，是维护国家法制统一、尊严、权威的前提，也是维护最广大人民根本利益、确保国家长治久安的重要保障。

3. 推进国家治理体系和治理能力现代化

2018年2月26日至28日，党的十九届三中全会在北京举行。全会审议通过了《中共中央关于深化党和国家机构改革的决定》和《深化党和国家机构改革方案》，这是以习近平同志为核心的党中央站在党和国家事业发展全局，适应新时代中国特色社会主义发展要求作出的重大决策部署，是着眼实现全面深化改革总目标的重大制度安排，是推进国家治理体系和治理能力现代化的一场深刻变革，对于提高党的执政能力和领导水平，广泛调动各方面积极性、主动性、创造性，有效治理国家和社会，推动党和国家事业发展，都具有重大意义，也必将发挥重要作用。

党和国家机构职能体系是中国特色社会主义制度的重要组成部分，是我们党治国理政的重要保障。党的十八大以来，我们党紧紧围绕完善和发展中国特色社会主义制度、推进国家治理体系和治理能力现代化这个总目标全面深化改革。加强党的领导，坚持问题导向，突出重点领域，我们党致力深化党和国家机构改革，在一些重要领域和关键环节取得重大进展，为党和国家事业取得历史性成就、发生历史性变革提供了有力保障。党的全面领导是

◇ 第六讲 中国特色社会主义进入新时代,开启中华民族伟大复兴新征程

深化党和国家机构改革的根本保证,完善坚持党的全面领导的制度是深化党和国家机构改革的首要任务。

2019年10月28日至31日,党的十九届四中全会在北京召开。全会从党和国家事业发展的全局和长远出发,专题研究坚持和完善中国特色社会主义制度、推进国家治理体系和治理能力现代化问题,审议通过《中共中央关于坚持和完善中国特色社会主义制度、推进国家治理体系和治理能力现代化若干重大问题的决定》,全面总结党领导人民在我国国家制度建设和国家治理方面取得的成就、积累的经验、形成的原则,重点阐述坚持和完善支撑中国特色社会主义制度的根本制度、基本制度、重要制度,部署需要深化的重大体制机制改革、需要推进的重点工作任务,为新时代坚持和完善中国特色社会主义制度、推进国家治理体系和治理能力现代化指明了前进方向、提供了根本遵循,是一篇马克思主义的纲领性文献,也是一篇坚持和发展中国特色社会主义的政治宣言书。

中国共产党领导,是中国特色社会主义最本质的特征,是中国特色社会主义制度的最大优势。深化党和国家机构改革,努力形成更加成熟、更加定型的中国特色社会主义制度,就必须突出这个最本质特征、发挥这个最大优势。只有以加强党的全面领导为统领,把加强党对一切工作的领导贯穿改革各方面和全过程,优化党的组织机构,确保党的领导全覆盖,确保党的领导更加坚强有力,才能不断提高党把方向、谋大局、定政策、

促改革的能力和定力。

4. 开启全面建设社会主义国家新征程

2020年10月26日至29日，党的十九届五中全会在北京举行。全会充分肯定"十三五"时期我国经济社会发展取得的巨大成就，从党和国家事业发展全局出发，把握世界大势和发展规律，深入分析国际国内形势，审议通过了《中共中央关于制定国民经济和社会发展第十四个五年规划和二〇三五年远景目标的建议》。这是开启全面建设社会主义现代化国家新征程、向第二个百年奋斗目标进军的纲领性文件，是今后5年乃至更长时期我国经济社会发展的行动指南。

全会高度评价了决胜全面建成小康社会取得的决定性成就。"十三五"时期，我国经济实力、科技实力、综合国力跃上新的大台阶，经济运行总体平稳，经济结构持续优化，脱贫攻坚成果举世瞩目，污染防治力度加大，生态环境明显改善，对外开放持续扩大，共建"一带一路"成果丰硕，人民生活水平显著提高，社会保持和谐稳定。尤为重要的是，在"十三五"的实践中，全面深化改革取得重大突破，全面依法治国取得重大进展，全面从严治党取得重大成果，国家治理体系和治理能力现代化加快推进，中国共产党领导和我国社会主义制度优势进一步彰显，新发展理念更加深入人心，广大党员干部政治品质和斗争精神斗争本领得

◇ 第六讲 中国特色社会主义进入新时代，开启中华民族伟大复兴新征程

到锤炼，全国各族人民精神面貌更加奋发昂扬，为开启全面建设社会主义现代化国家新征程提供了有力政治保证和强大奋进力量。全会强调，"十三五"规划目标任务即将完成，全面建成小康社会胜利在望，中华民族伟大复兴向前迈出了新的一大步。

党的十九大对实现第二个百年奋斗目标作出分两个阶段推进的战略安排，即到2035年基本实现社会主义现代化，到21世纪中叶把我国建成富强民主文明和谐美丽的社会主义现代化强国。这次全会锚定2035年远景目标，综合考虑未来一个时期国内外发展趋势和我国发展条件，对"十四五"时期我国发展作出系统谋划和战略部署。我们要全面贯彻党的基本理论、基本路线、基本方略，统筹推进经济建设、政治建设、文化建设、社会建设、生态文明建设的总体布局，协调推进全面建设社会主义现代化国家、全面深化改革、全面依法治国、全面从严治党的战略布局，坚定不移贯彻创新、协调、绿色、开放、共享的新发展理念，坚持稳中求进工作总基调，以推动高质量发展为主题，以深化供给侧结构性改革为主线，以改革创新为根本动力，以满足人民日益增长的美好生活需要为根本目的，统筹发展和安全，加快建设现代化经济体系，加快构建以国内大循环为主体、国内国际双循环相互促进的新发展格局，推进国家治理体系和治理能力现代化，实现经济行稳致远、社会安定和谐，奋力夺取全面建设社会主义现代化国家新胜利。

第七讲

坚定道路自信

古今中外的历史都告诉我们，世界上没有一个民族能够亦步亦趋走别人的道路实现自己的发展振兴，也没有一种一成不变的道路可以引导所有民族实现发展振兴；一切成功发展振兴的民族，都是找到了适合自己实际的道路的民族。中国特色社会主义道路是实现社会主义现代化、创造人民美好生活、实现中华民族伟大复兴的必由之路。这条路是在近代中华民族积贫积弱、任人宰割的漫漫长夜中，由中国共产党领导中国人民经过艰苦卓绝的探索而开辟出来的。

一、近代救亡图存道路的探索

1. 近代中国遭遇危机

16—18世纪，正值中国封建时代的末端与顶峰，但盛世之下已经潜藏汹涌的危机。建立在个体小农业和家庭手工业基础上的专制政权，依靠经济上的苛捐杂税、摊派徭役，政治上的高度中央集权，思想上的严厉管控，极力维护旧有的统治秩序，服务于皇帝、贵族、官僚与一般地主的利益。

这样一个僵化停滞的封建王朝，正在被世界的另一端迎头赶上。工业与资产阶级政治革命拉开了西方资本主义国家征服世界的序幕。英国、美国、法国资产阶级通过革命走上各国政治舞台，建立了资产阶级政权。发源于英国的工业革命仅用了半个世纪就传至欧美，带领人类从工场手工业步入"机器时代"。政治与技术上的保障，使西方资本主义经济得到迅速发展，"资产阶级在它的不到一百年的阶级统治中所创造的生产力，比过去一切世代创造的全部生产力还要多，还要大"。[①]

崛起的西方国家动用各种侵略手段使落后国家变为它们的殖民地、半殖民地或附属国，借"自由贸易"的大旗把这些国家和地区变作商品市场与原料产地。当殖民主义遭遇闭关锁国，两个

[①] 马克思、恩格斯：《共产党宣言》，人民出版社2018年版，第32页。

世界的碰撞就难以避免。1840年鸦片战争爆发，国际资本主义、帝国主义的势力侵入中国，标志着中国的社会结构由封建社会转向半殖民地半封建社会。

2. 救亡图存的道路探索

晚清民族危机之下，一代代仁人志士为了寻求民族独立和解放，展开了半个多世纪的艰难探索。以林则徐、魏源为代表的地主阶级改革派，试图"师夷长技以制夷"，但他们学习西方、对内改革的主张并未赢得晚清政府的响应。洪秀全领导的太平天国起义，尽管成为中国农民运动的最高峰，并创造性地提出以发展资本主义为纲领的《资政新篇》，却依旧无法摆脱农业空想社会主义的局限性。以李鸿章、曾国藩为代表的洋务派，坚持"中学为体，西学为用"，打出"自强""求富"的口号，创办了一批近代军用和民用工业，却囿于地主阶级统治的"体"，破产于中日甲午战争。康有为、梁启超为代表的维新派，将突破的矛头指向专制制度，但其构想的君主立宪制被保守势力扼杀在了百日摇篮之中。

以孙中山为首的资产阶级革命派在中国成功发动辛亥革命，而革命建立的民主共和制度并没有改变政治的黑暗状况，军阀统治之下的国家依旧没有摆脱专制之厄运。民国乱政是西方道路在中国水土不服的集中体现。议会制度不能反映民意，反而成为政党夺权的工具。政党之间"自利相攻",不是为了达成制衡,而是想以一党势力统一议会,政党政治并没有达到共和理想的善政。选举制度变成了资本的竞技场,财阀、军阀与政客打成一团,操纵政治,为选举所投资本"动辄数万金",不能反映民意,政权实际垄断在少数人手中。民主共和政体在中国的实际运行过程中暴露了诸多弊端,使得国人在引进西方资本主义制度的道路上走入了死胡同。

在意识到难以逾越的制度障碍后,近代知识分子怀着改良的愿望继续摸索。新村运动、工读运动、教育救国等社会改造方案曾吸引了一批探路者追随。1920年夏季,恽代英在湖北尝试创办"脱离旧社会、没有压迫剥削、人人平等,互助友爱"的新村,但局部的改造难以与外部的经济环境断绝关联,由于经费极度困难,新村不得不停办。在城市进行试验的工读互助团,主张教育与职业合一,试图建立"人人工作,人人读书,各尽其能,各取所需"的新组织,并通过"小团体大联合",创造一个新社会,但仅依靠资本家给劳动者的工资和商卖小业的蝇头,无法支付昂贵的地皮、房租成本,也不具有实际上的可操作性。李大钊、毛泽东、刘仁静、董必武、陈潭秋、王尽美、邓恩铭等人都曾不同程度上信奉过"教育救国"的方案,认为改造社会需要先从"国民性""心灵""精神"等方面入手,但收效甚微。他们慢慢意识到教育救国的路径难以走通,因为掌握着教育权的政客、资本家,要防止人民充分掌握知识进而反对支配阶级，非取得政权不能掌握社会的教育权，改造资本主义的教育。

3. 找到马克思主义的救国之道

一系列改造运动在国内相继受挫，使先进的分子意识到：在全社会的经济组织和生产制度没有推翻之前，个人和团体的改造都是徒劳的，对社会的改造还是要从根本入手。此时，列宁领导的十月革命在俄国取得成功，为面临内忧外患的中国人带来启示，李大钊等人在新文化运动的后期开始介绍和评价俄国十月革命，进而引进马克思主义学说，引导一批先进知识分子思考新的道路。蔡和森看到现世经济和政治早就打成一片，俄国能够改善工钱、物价，由劳动者管理生产分配，是因为他们已经通过革命的方式获得了政权，拥有政权才能得到经济的解放。何叔衡认为在改造世界的方法中，"过激主义"一次的扰乱，抵得20年的教育。陈独秀认为俄国布尔什维克主张"阶级战争、直接行动、无产阶级专政、国际运动"，是在实质上继承了真正的马克思主义。基于以上种种认识，他们对俄国社会主义的好感逐渐转变为对马克思主义的认同。

任何一条道路的借鉴都不应秉持拿来主义的态度，俄国人的道路究竟在中国有没有适用的可能？党的早期领导人认为答案是肯定的，他们都观察到中国与俄国相似的国情：中俄都是现代工业不发达的国家,无产阶级都受到官僚、资本家的多重盘剥,一旦得到组织和引领,就能够掀起阶级战争。

马克思主义关于社会制度的构想与资本主义制度相比,具有真正民主、改善民生、主张和平的优越性;与其他社会改造方案相比,马克思主张的暴力夺权、无产阶级专政等方案有立竿见影的实效。制度优越性与现实可行性促使一批先进知识分子选择接受马克思主义作为救国之道。与此同时,五四运动的爆发推动了马克思主义的广泛传播,也为中国共产党的建立做了思想和干部上的准备。1921年7月,中国共产党第一次全国代表大会在上海召开,标志着中国共产党的正式成立,先进的理论在中国的土地上找到了它虔诚的践行者,自从有了中国共产党,中国革命的面貌就焕然一新了。

确立马克思主义的指导思想,并没有为中国人的道路探索画上休止符。在轰轰烈烈的国民革命遭遇失败后,年轻的中国共产党不得不开始独立领导反帝反封建的民主革命。1927年8月1日,中国共产党在南昌举行起义,打响了武装反抗国民党反动派的第一枪,揭开了独立领导革命战争的新篇章。随后举行的八七会议,确立了土地革命和武装起义的正确方针,给处在思想混乱和组织涣散中的党指明了新的出路。

然而,革命所面临的形势依旧严峻。八七会议后不到一年的时间里,中国共产党领导发动了多次武装起义,但面对强大的反

◇第七讲　坚定道路自信

革命力量，革命高潮并没有到来。毛泽东在湖南领导的秋收起义，未能实现攻占长沙的既定目标。张太雷、叶挺领导的广州起义，仅三天就宣告失败。通过城市武装暴动或攻打大城市夺取革命胜利的道路在中国屡遭失败，并未使当时的中共中央从根本上改变策略。1927年11月召开的中共中央临时政治局扩大会议，依旧坚持以城市为中心的全国武装暴动策略，表明年轻的中国共产党还没有发展出成熟的理论，在俄国经验之外找到适合中国国情的革命道路。

革命的低谷使得党不得不探索新的可能，以毛泽东为代表的一批共产党人，开始逐渐摆脱"城市中心论"的影响，将武装斗争的主攻方向指向农村。1927年10月，毛泽东率领秋收起义部队到达井冈山北麓的宁冈县茅坪，开始了创建井冈山革命根据地的斗争。通过积极发展武装力量、开展游击战争、打土豪分田地、建立红色政权，中国共产党成功创立了第一个农村革命根据地——井冈山革命根据地。1928年4月，朱德、陈毅率领的工农革命军与毛泽东率领的军队成功会师，合编为工农革命军第四军，壮大了井冈山根据地的力量，在革命者心中燃起了新的希望。

根据地在发展的同时，也不断面临国民党军队的"会剿"。艰苦的斗争环境使党内和红军内部提出了"红旗到底打得多久"的疑问，这也促使毛泽东开始系统阐释中国革命的新道路。在《中国的红色政权为什么能够存在？》和《井冈山的斗争》两篇文章中，毛泽东精准地分析了井冈山革命根据地的红色政权能够长期存在并发展的主客观条件：第一，中国是一个几个帝国主义国家间接统治的政治经济发展不平衡的半殖民地半封建的大国；第二，第一次国内革命战争的影响；第三，全国革命形势的继续向前发展；第四，相当力量的正式红军的存在；第五，共产党组织的有力量和它的政策的不错误。①进而，毛泽东提出了在中国共产党领导下，以土地革命为中心内容、以武装斗争为主要形式、以农村革命根据地为战略阵地的"工农武装割据"的重要思想。这条道路的正确性在其他地区也得到了相似的验证，随着斗争的发展，党创建了江西中央革命根据地和湘鄂西、海陆丰、鄂豫皖、琼崖、闽浙赣、湘鄂赣、湘赣、左右江、川陕、陕甘、湘鄂川黔等根据地，建立了工农红军第一、第二、第四方面军和其他许多红军部队。井冈山革命根据地点燃了"工农武装割据"的星星之火，带领中国革命走上了农村包围城市、武装夺取政权的新道路。

在新道路的指引下，中国共产党经历了土地革命战争、抗日战争和全国解放战争三个阶段。尽管其中遭遇了第五次反"围剿"失败，红军不得不进行二万五千里长征，但在这一过程中，中国共产党独立自主地运用马克思主义解决了党内存在的部分"左"倾错误，挽救了党，挽救了红军，挽救了中国革命。面对空前严

---

① 《毛泽东选集》第1卷，人民出版社1991年版，第49—50页。

重的民族危机,中国共产党依旧紧密依靠广大人民群众,开展敌后游击战争,建立了许多抗日根据地,广泛开展了各种形式的斗争,取得了抗日战争的胜利。随后,党在全国各解放区人民的全力支持下,领导人民解放军进行了三年多的解放战争,推翻了国民党反动政府,成立了伟大的中华人民共和国。从此,中国人民站起来了。

28年中国革命斗争的胜利,是中国共产党结合中国具体实际,实事求是地运用马克思列宁主义基本原理取得的。这个过程中开辟的革命道路,对马克思列宁主义的发展具有重大贡献。

二、中国特色社会主义道路的开辟

新中国成立后,中国共产党领导全国各族人民完成土地革命,迅速实现国民经济的恢复。到1956年,中国共产党完成了对农业、手工业和资本主义工商业的社会主义改造,建立了社会主义的基本经济制度,标志着中国进入了社会主义初级阶段。

1. 对苏联模式的借鉴与反思

中华人民共和国的崛起不能脱离世界社会主义发展的大背景。第二次世界大战后,社会主义国家由苏联一国扩展至包括波兰、民主德国、南斯拉夫社会主义联邦共和国等在内的16国，掀起了世界社会主义运动的又一次高潮，这些国家大多是在苏联直接或间接的帮助下建立的，由于普遍缺少社会主义建设的实际经验，包括新中国在内的社会主义各国基本照搬了来自苏联的斯大林模式。这种以中央高度集权和单一公有制为特征的计划经济体制，能够帮助各国在战后集中有限的人力、物力、财力，实现经济恢复，进行重点工业建设。但随着时间的推移，苏联模式也逐渐显露其弊端，部分国家试图反思苏联模式，但遭受到苏联共产党的干涉。

南斯拉夫共产党首先迈出了独立探索本国社会主义道路的步伐，创立了南斯拉夫社会主义自治制度，是纠正高度集权体制弊端的一次尝试。这次尝试被以苏共为首的各国共产党和工人党冠以"修正主义"加以批判，尽管如此，各国对苏联模式的反思并没有止步。1956年2月，苏共中央第一书记赫鲁晓夫在苏共二十大上作了《关于个人崇拜及其后果》的秘密报告，暴露了苏联国内长期存在的个人崇拜以及国民经济建设中的问题，这一事件强化了各国共产党对独立自主探索社会主义道路的愿望。1956年10月爆发的波兰和匈牙利摆脱苏联控制、争取独立自主的运动，就是一个证明。这次事件的根本原因是两国在社会主义建设中不顾本国国情照搬苏联模式，致使经济不景气，影响人民生活水平的提高，进而爆发为群众性运动。最终，事件以苏联军队入驻匈牙利并配合匈牙利国家安全局进行镇压为结局。

2. 寻找适合中国的独特模式

早在波匈事件之前，中国共产党的领导人就开始思考如何借鉴苏联的经验与教训，尽量少走东欧社会主义国家的弯路。毛泽东认为我国是一个东方国家，又是一个大国，因此在社会主义改造和社会主义建设的过程中，以及将来建成社会主义社会以后，都还会继续存在自己的许多特点。因此，反思苏联模式，探索中国适合的模式，是一个要上升至道路探索的问题，其本质是马克思列宁主义的基本原理同我国革命和建设具体实际的第二次结合。

道路的探索需要以实事求是的调查研究工作为基础。为了更加准确地了解国家经济建设的情况和存在的问题，同时也为即将召开的党的八大做前期准备，1956年2月到4月，中共中央政治局分别召集工业、农业、财政、计划等30多个经济部门的负责同志座谈，讨论社会主义建设存在的各种问题。在民主汇报的基础上集中各方意见后，毛泽东在4月的政治局扩大会议和5月的最高国务会议上作了《论十大关系》的报告。

在报告中，毛泽东开门见山地提出对苏联道路的理性反思，他提出："最近苏联方面暴露了他们在建设社会主义过程中的一些缺点和错误，他们走过的弯路，你还想走？过去我们就是鉴于他们的经验教训，少走了一些弯路，现在当然更要引以为戒。"[1]

---

[1] 《毛泽东文集》第7卷，人民出版社1999年版，第23页。

报告确定了"把国内外一切积极因素调动起来,为社会主义事业服务"的方针,阐述了社会主义建设中的十大关系,这十大关系中,涉及经济方面的有五个关系。鉴于苏联片面发展重工业、忽视农业和轻工业的教训,毛泽东提出要适当调整重工业和农业、轻工业的投资比例,更多地发展农业和轻工业。在国家、生产单位和个人关系上,提出要兼顾各方面利益。在中央和地方关系上要适当扩大一点地方的权力,给地方更多的独立性。在政治方面论十大关系谈到了四个关系,提出了反对大汉族主义与其他民主党派实行"长期共存,互相监督"的方针以及对犯错误的人采取"惩前毖后,治病救人"的方针等。在中国和外国的关系上,毛泽东指出:一切国家、民族的长处都要学,政治、经济、科学、技术、文学、艺术的一切真正好的东西都要学,但必须有分析有批判地学,不能盲目地学,不能一切照抄,机械搬运。

这个报告,以苏联和东欧一些国家的经验为借鉴,初步总结了我国社会主义建设的经验,提出和阐述了一系列适合我国国情的建设社会主义的基本思想和正确方针,是以毛泽东为主要代表的中国共产党人探索我国社会主义建设道路的纲领性文献。后来,毛泽东回顾说:"前八年照抄外国的经验。但从1956年提出十大关系起,开始找到自己的一条适合中国的路线。"在这个纲领的基础上,1956年9月召开的党的八大科学地总结了社会主义革命和建设的经验教训,为社会主义时期共产党的建设和社会主义事业健康发展指明了正确方向，实际上对探索有中国特色的社会主义道路也作出了重要贡献，并指导党和国家在社会主义全面建设时期取得了一定的成就。尽管这条道路的探索由于历史条件和认识水平的限制未能再深入下去，但改革开放之后，我们党又很快实现了道路的接续。

3. 中国特色社会主义道路的接续探索

习近平总书记曾经强调："我们党领导人民进行社会主义建设，有改革开放前和改革开放后两个历史时期，这是两个相互联系又有重大区别的时期，但本质上都是我们党领导人民进行社会主义建设的实践探索。"[①] 改革开放以来对中国特色社会主义建设道路的继续探索，正是对前一个时期的坚持、改革、发展。

1982年9月1日至11日，中国共产党第十二次全国代表大会在北京举行。在这次大会上，邓小平在开幕词中提出了一个重要的命题：走自己的道路，建设有中国特色的社会主义。他指出：我们的现代化建设，必须从中国的实际出发，中国的事情要按照中国的情况来办，要依靠中国人自己的力量来办。把马克思主义的普遍真理同我国的具体实际结合起来，走自己的道路，建设有中国特色的社会主义，这就是我们总结长期历史经验得出的基本结论。

---

① 习近平：《关于坚持和发展中国特色社会主义的几个问题》，《求是》2019年第7期。

这一道路的接续探索在党的十三大上有了清晰的蓝图，主要表现是社会主义初级阶段理论和党的基本路线的提出。1987年10月25日至11月1日，中国共产党第十三次全国代表大会在北京举行。大会通过了《沿着有中国特色的社会主义道路前进》的政治报告，报告强调我国正处在社会主义的初级阶段。这个论断，包括两层含义。第一，我国已经是社会主义社会。我们必须坚持而不能离开社会主义。第二，我国的初级阶段，不是泛指任何国家进入社会主义都会经历的起始阶段，而是特指我国在生产力落后、商品经济不发达条件下建设社会主义必然要经历的特定阶段。这个论断强调了我国的探索社会主义道路面临的独特背景，为党在这一阶段的基本路线的提出廓清了理论前提。

大会提出，在社会主义初级阶段，我们党建设有中国特色社会主义的基本路线是：领导和团结全国各族人民，以经济建设为中心，坚持四项基本原则，坚持改革开放，自力更生，艰苦创业，为把我国建设成为富强、民主、文明的社会主义现代化国家而奋斗。以邓小平同志为核心的党的第二代中央领导集体深刻揭示社会主义本质，确立社会主义初级阶段基本路线，明确提出走自己的路、建设中国特色社会主义，科学回答了建设中国特色社会主义的一系列基本问题，成功开创了中国特色社会主义。中国特色社会主义是在改革开放历史新时期开创的，但也是在新中国已经建立起社会主义基本制度并进行了20多年建设的基础上开创的。

◇第七讲　坚定道路自信

在中国沿着自己开辟的特色道路前进的同时，世界社会主义却遭遇了严重挫折。苏共大党主义下为东欧社会主义国家强加的苏联模式，引发的问题积重难返。严重失调的国民经济比例、落后的农业和轻工业，导致东欧各国经济建设停滞。各国共产党长期存在的官僚主义作风也加剧了人民生活水平的进一步恶化。在与资本主义国家产生鲜明对比后，人民群众不满的情绪迅速积聚，为西方实施和平演变提供了可乘之机。1989年前后，东欧各个社会主义国家共产党和工人党在短时间内纷纷丧失政权，各国政治经济制度由社会主义急转至资本主义。苏联社会主义联盟亦于1991年12月25日迅速解体，分裂为15个独立主权国家。

苏联解体后，独立的俄罗斯联邦更是病急乱投医。叶利钦接受了一套源自西方的"休克疗法"，先是放开物价，再同步出台财政、货币"双紧"政策，最后大规模推行私有化，丢弃了社会主义的旗帜。不符合俄罗斯国情的照搬照抄并没有带来大国雄风的重振，只带来了国内物价飙涨、企业生产萎缩与失业激增，一边是人民生活水平随着实际购买力的跌落而下降，另一边是大批国有企业落入特权阶层和暴发户手中。东欧剧变与"休克疗法"的失败表明，走封闭僵化的老路会使国家停滞不前，走改旗易帜的邪路更会把国家带入深渊。相比之下，越南于1986年开始施行革新开放，2001年越共九大确定建立社会主义市场经济体制，以市场为导向的经济改革也开始在古巴展开。20世纪末硕果仅存的几大社会主义国家，都是在传统社会主义道路的基础上继续坚持并有所创新，才避免了覆灭的命运。

相比于其他社会主义国家，中国在自己开辟的特色道路上走得更加坚定与自信。以江泽民同志为核心的党的第三代中央领导集体带领全党全国各族人民坚持党的基本理论、基本路线，在国内外形势十分复杂、出现严重曲折的严峻考验面前捍卫了中国特色社会主义，依据新的实践确立了党的基本纲领、基本经验，确立了社会主义市场经济体制的改革目标和基本框架，确立了社会主义初级阶段的基本经济制度和分配制度，开创全面改革开放新局面，推进党的建设新的伟大工程，成功把中国特色社会主义推向21世纪。

新世纪新阶段，以胡锦涛同志为总书记的党中央抓住重要战略机遇期，在全面建设小康社会进程中推进实践创新、理论创新、制度创新，强调坚持以人为本、全面协调可持续发展，提出构建社会主义和谐社会、加快生态文明建设，形成中国特色社会主义事业总体布局，着力保障和改善民生，促进社会公平正义，推动建设和谐世界，推进党的执政能力建设和先进性建设，在新的历史起点上坚持和发展了中国特色社会主义。

三、坚定新时代中国特色社会主义道路自信

1. 回应质疑，坚定道路自信

党的十八大是在国内外形势复杂多变的背景下召开的。从国际局势看，世界经济复苏乏力、局部冲突和动荡频发、全球性问题不断加剧。从中国道路的前景上看，苏联解体、东欧剧变以后，所谓"历史终结论"的声音甚嚣尘上，唱衰中国的国际舆论不绝于耳，各式各样的"中国崩溃论"从来没有中断过。在有关道路性质的声音中，国内外有些舆论提出中国搞的是"资本社会主义""国家资本主义""新官僚资本主义"。

面对这种形势与声音，以习近平同志为核心的党中央从理论上予以坚决否定，进行了有力的澄清。2012年11月15日，新当选的中共中央总书记习近平和其他中央政治局常委同采访党的十八大的中外记者见面。习近平总书记指出："人民对美好生活的向往，就是我们的奋斗目标。我们的责任，就是要团结带领全党全国各族人民，接过历史的接力棒，继续为实现中华民族伟大复兴而努力奋斗；就是要团结带领全党全国各族人民，继续解放思想，坚持改革开放，不断解放和发展社会生产力，努力解决群众的生产生活困难，坚定不移走共同富裕的道路。……就是要同全党同志一道，坚持党要管党、从严治党，切实解决自身存在的

突出问题，切实改进工作作风，密切联系群众，使我们党始终成为中国特色社会主义事业的坚强领导核心。"①

党的十八大以来，以习近平同志为核心的党中央在实践中坚持稳中求进工作总基调，迎难而上，开拓进取，使改革开放和社会主义现代化建设充满活力、蓬勃发展，党和国家各项事业取得了全方位、开创性的历史性成就，发生了深层次、根本性的历史性变革，在波澜壮阔的实践中坚持走中国特色社会主义道路，开启了一个崭新的时代。

2012年11月8日，中国共产党第十八次全国代表大会通过了《坚定不移沿着中国特色社会主义道路前进　为全面建成小康社会而奋斗》的政治报告，报告中指出：全党要坚定这样的道路自信、理论自信、制度自信！② 2017年10月18日，习近平总书记在中国共产党第十九次全国代表大会上作了《决胜全面建成小康社会　夺取新时代中国特色社会主义伟大胜利》的报告，进一步指明：中国特色社会主义道路是实现社会主义现代化、创造人民美好生活的必由之路。全党要更加自觉地增强道路自信、理论自信、制度自信、文化自信，既不走封闭僵化的老路，也不走改旗易帜的邪路，保持政治定力，坚持实干兴邦，始终坚持和发展

---

① 《习近平谈治国理政》，外文出版社2014年版，第4—5页。
② 《十八大以来重要文献选编》（上），中央文献出版社2014年版，第13页。

◇第七讲　坚定道路自信

中国特色社会主义。①

中国特色社会主义道路是实现社会主义现代化、创造人民美好生活的必由之路，是实现中华民族伟大复兴的必由之路。这一道路，既坚持以经济建设为中心，又全面推进经济、政治、文化、社会、生态文明建设以及其他各方面建设；既坚持四项基本原则，又坚持改革开放；既不断解放和发展社会生产力，又逐步实现全体人民共同富裕、促进人的全面发展。这条道路在中国取得了巨大成就，是被实践证明了的正确道路。党的十八大召开后不久，习近平总书记就前往广东深圳、珠海、佛山、广州等地考察，强调党的十八大向全党全国发出了深化改革开放新的宣言书、新的动员令，要求增强改革的系统性、整体性、协同性，做到改革不停顿、开放不止步。

2.中国特色社会主义道路的显著优势

2012年11月29日，习近平、李克强、张德江、俞正声、刘云山、王岐山、张高丽等党和国家领导人在国家博物馆参观《复兴之路》展览。习近平总书记提出并阐述"中国梦"，强调实现中华民族伟大复兴，就是中华民族近代以来最伟大的梦想，坚信到中国共

---

①　习近平：《决胜全面建成小康社会　夺取新时代中国特色社会主义伟大胜利——在中国共产党第十九次全国代表大会上的报告》，人民出版社2017年版，第16—17页。

产党成立 100 年时全面建成小康社会的目标一定能实现，到新中国成立 100 年时建成富强民主文明和谐美丽的社会主义现代化国家的目标一定能实现，中华民族伟大复兴的梦想一定能实现。坚定道路自信，就是相信中华民族伟大复兴的中国梦一定能由走中国特色社会主义道路来实现。因此，在 2013 年 3 月十二届全国人大一次会议上，习近平总书记强调：实现中国梦必须走中国道路，弘扬中国精神，凝聚中国力量。中国特色社会主义道路的强大优势，已经在各个方面体现出来。

中国特色社会主义道路的优势，体现在中国道路取得的巨大成就之中。放眼二战之后的世界各国，实现工业化的国家目前不超过 30 个、人口不超过 10 亿，而且大都是资本主义国家。冷战结束后，东欧原社会主义各国过去搞全盘苏化，现在搞全盘西化，被迫采纳了西方模式，结果党争纷起、社会动荡、人民流离失所，至今都难以稳定下来。在现代化进程中原本有所起色的拉美、亚洲国家，也由于对西方体制的水土不服产生动荡和反复。唯独中国历经改革开放 40 多年的奋斗，实现了经济的长期高速增长。新中国成立之初，国内生产总值仅为 679 亿元，人均国内生产总值为 119 元。经过 70 年不懈奋斗，2019 年，我国国内生产总值（GDP）为 99.0865 万亿元， 6.1% 的经济增速在世界主要经济体中名列前茅，中国经济增长对世界经济增长的贡献率达到 30% 左右，人均 GDP 达到 10276 美元，首次站上 1 万美元的新台阶。中国从落后的农业国成为世界第一制造业大国,以公有制为主体、多种所有制经济共同发展的经济社会,正向高质量的发展阶段迈进。以此为基础,其他各个方面也在改革开放中稳步发展,整个国家呈现出生机勃勃、方兴未艾之势,中华民族正以崭新姿态屹立于世界的东方。居民预期平均寿命由新中国成立初期的35岁提高到2018年的77岁。城镇化稳步推进,2019年中国常住人口城镇化率首次超过60%。扶贫事业取得长足进步,经过8年持续奋斗,党中央领导全国各族人民实现了现行标准下农村贫困人口全部脱贫,贫困县全部摘帽,消除了绝对贫困和区域性整体贫困,完成了到2020年现行标准下的农村贫困人口全部脱贫的郑重承诺。沿着中国特色社会主义道路取得的70多年之巨变,是道路自信的根本来源。

中国特色社会主义道路的优势,体现在国内外舆论逐渐向好的评价之中。世界正面临百年未有之大变局,新冠肺炎疫情的全球大流行使这个变局加速演变,美国秉持冷战思维搞零和博弈,使霸权主义、保护主义、单边主义上升,世界经济低迷,国际经济、科技、文化、安全、政治等格局都在发生深刻调整,世界进入动荡变革期,而中国依然在风浪中保持着良好的发展势头,风景这边独好。中国的快速发展,导致一些西方的质疑声不攻自破,一种新版的马克思主义理论正在颠覆西方的传统理论。早在2004年5月,英国著名思想库伦敦外交政策研究中心就发表了《北京共识》

的研究报告，认为中国通过努力、主动创新和大胆实践，摸索出一个适合本国国情的发展模式。这种发展模式不仅适合中国，也是一些发展中国家仿效的榜样。曾经提出"历史终结论"的美国学者福山也修正了自己的观点，他认为："中国模式"的有效性证明，西方自由民主并非人类历史进化的终点。中国特色社会主义道路获得了举世瞩目的成功，得到了世界的认可，这同样是值得我们自信的地方。

中国特色社会主义道路的优势，已经转化为解决人类面临现实问题的中国智慧和中国方案。从科学社会主义发展史上看，怎样治理社会主义社会这样全新的社会，这个问题一直没有得到很好的解答。马克思、恩格斯仅仅开辟了命题，预测了很多关于未来社会的原理；列宁没能来得及深入探索这个问题；苏联及东欧的社会主义实践有经验也有错误。而中国共产党在前赴后继的探索中成功积累了丰富经验、取得了重大成果，在世界社会主义运动低谷时期坚定地开辟了社会主义新道路，是对科学社会主义的巨大贡献。就人类文明而言，中国作为世界上最大的发展中国家，其走向现代化的经验表明，不走资本主义道路而坚持走社会主义道路一样能建设成现代化国家，这就拓展了发展中国家走向现代化的途径，给世界上那些既希望加快发展又希望保持自身独立性的国家和民族提供了全新选择。

纵观中国特色社会主义道路探索的艰辛历程，一个最根本的经验及启示就是坚持中国共产党的领导。百年风雨历程中，是中国共产党选定了马克思主义作为救国之道。在民主革命的浪潮中，是中国共产党团结带领人民找到了一条以农村包围城市、武装夺取政权的正确革命道路，完成了新民主主义革命。确立社会主义基本制度后，是中国共产党带领人民走出了一条独具特色的社会主义道路，让近代以来久经磨难的中华民族迎来了从站起来、富起来到强起来的伟大飞跃，迎来了实现中华民族伟大复兴的光明前景。我们党始终强调，中国特色社会主义，既坚持了科学社会主义基本原则，又根据时代条件赋予其鲜明的中国特色。只有坚持中国共产党的领导，才能保证中国特色社会主义沿着科学社会主义而不是别的主义前进。

中国特色社会主义道路，是在改革开放40多年的伟大实践中走出来的，是在中华人民共和国成立70多年的持续探索中走出来的，是在对近代以来180多年中华民族发展历程的深刻总结中走出来的，是在对中华民族5000多年悠久文明的传承中走出来的，具有深厚的历史渊源和广泛的现实基础。习近平总书记指出："当代中国的伟大社会变革，不是简单延续我国历史文化的母版，不是简单套用马克思主义经典作家设想的模板，不是其他国家社会主义实践的再版，也不是国外现代化发展的翻版。"实践证明，中国特色社会主义道路是一条既符合中国国情，又适合时代发展要求并取得巨大成功的唯一正确道路。只有这条道路而没有别的道路，能够引领中国进步、增进人民福祉、实现民族复兴。中国特色社会主义道路是实现社会主义现代化、创造人民美好生活的必由之路，这条道路的正确方向必须牢牢坚持。

第八讲

坚定理论自信

中国共产党自成立以来就以马克思主义为指导,并在革命、建设、改革的过程中不断开辟马克思主义中国化新境界。当前,中国共产党生动而具体地坚持并发展了马克思列宁主义、毛泽东思想,形成了中国特色社会主义理论体系。这一体系包括邓小平理论、"三个代表"重要思想、科学发展观、习近平新时代中国特色社会主义思想。中国特色社会主义理论体系是指导党和人民实现中华民族伟大复兴的正确理论,是立足时代前沿、与时俱进的科学理论,是中国共产党必须坚持的行动指南。

一、马克思主义在中国的理论传播

中国共产党的早期创建者，拥有非常复杂的思想背景，曾服膺于近代中国各种社会思潮。资产阶级民主思想、激进民主主义、改良主义、无政府主义等思想，都曾不同程度地在这群知识分子身上得到体现，但这些理论在实践中被证明难以落地。西方理论的水土不服与来自苏俄的"一声炮响"形成了鲜明的对比，俄国十月革命是促使早期中国共产党人接受马克思主义理论的重要原因。十月革命不仅实现了以工人阶级为首的劳动人民对资本家和地主的反抗，还掀起欧美工人运动与殖民地解放运动。在中国遭受巴黎和会的屈辱外交后，苏俄政府对华宣称废除帝俄时代的特权，争取到了国人的好感，也促使知识分子对十月革命背后的指导理论给予更多的关注。

于是，一批具有海外留学工读经历、精通外语的知识分子充当起理论的"传火人"，在中国大力传播马克思主义理论著作。李大钊以《新青年》和《每周评论》为阵地，发表了《布尔什维主义的胜利》《我的马克思主义观》等大量宣传马克思列宁主义的文章和演说，成为马克思主义理论学习的引路人。陈望道翻译并出版了《共产党宣言》第一个中文全译本。在这批知识分子的努力下，《共产党宣言》《资本论》第一卷、《国家与革命》等著作相继被翻译进入中国，依托在全国各地成立的早期共产主义小组，更多的知识分子通过阅读内部资料、公开刊物和参加学习会，加快了学习马克思主义并与旧思想决裂的步伐。

科学理论是在同各种错误思潮斗争中发展起来的，中国共产党人对马克思主义理论的选定与坚持，也是在同建党前后各种社会思潮的论战中完成的。中国共产党在建党前分别同资产阶级右翼知识分子、基尔特社会主义者、无政府主义展开三次论战，亮出了中国马克思主义者的鲜明观点：第一，必须先解决社会的根本问题，才能进而解决一个又一个具体问题；第二，社会根本问题的解决必须依靠暴力革命的方法，而不能幻想依靠改良实现蜕变，这是中国半殖民地半封建社会的性质所决定的；第三，用暴力革命夺取政权，建立社会主义国家，就必须学习俄国共产党，走十月革命的道路，这需要先建立起无产阶级的先进政党；第四，夺取政权是为了建立无产阶级专政，在阶级没有消灭之前，国家仍然需要存在。

同马克思主义者论战的对手，既有新文化运动的倡导者胡适，也有中国近代维新派的代表人物梁启超，信奉马克思主义的先进知识分子不畏权威，敢于论辩，显示了他们对新理论的巨大信心。三次论战有力地回击了各种对马克思主义的进攻，帮助许多先进分子认清了资产阶级知识分子打着改良主义、社会主义的旗号贩卖资本主义的反动本质，引导许多知识分子和工人与无政府主义者划清界限，并扩大了马克思主义在中国的传播阵地，为中国共产党的成立奠定了思想基础。

中国共产党的创建者从接受马克思主义到建立共产党所用的时间很短。从1883年普列汉诺夫在日内瓦创立"劳动解放社"，到1898年俄国社会民主工党第一次代表大会召开，俄国共产主义政党的建立经过了15年的理论准备期。相比之下，从1919年李大钊系统介绍马克思主义到1921年中国共产党第一次全国代表大会召开，中国共产党的诞生仅仅用了两年。产生这种现象的原因有两个：一是党的早期创建者将马克思主义视作救国之道，强调阶级斗争、暴力革命的实用性，没有经过专门的理论准备期，而是同步推进理论学习与建党工作。二是共产国际不断派代表来华指导帮助，在推动中国共产党建立的同时，也使全党对马克思主义的认知受到共产国际的重要影响。

在运用马克思主义分析中国现实问题时，中国共产党人就已经萌生理论运用要考虑中国实际的想法。李大钊认为主义总有理想和实用两面，理论要运用在中国政治中，必须因时、因所、因事的性质情形，否则就是空谈；瞿秋白也认为理论决无死的范式，必须考虑时间空间及物质的现实世界；李达认为由于各国国情和国民性不同，马克思主义在各国的手段都是变化的；刘仁静主张在革命之前必须先研究中国的传统，找到一个适合中国国情又能达到共产主义的方针。但对共产国际的依赖使得中国共产党在成立之初长期不能走出来自俄国的影子，在理解、运用马克思列宁主义与中国革命具体实践的结合上，中国共产党经过了艰难曲折的过程。

二、中国共产党指导思想的发展与创新

1. 马克思主义中国化的探索

20世纪30年代初期，党内先后出现盲动主义、冒险主义错误，原因就是党在理论上还不成熟，把马克思列宁主义理论教条化，把苏联经验神圣化，不顾中国革命具体的实际情况，照搬照抄照用马克思列宁主义经典上的个别原理、个别结论，甚至个别辞章，制定了错误的路线、方针、政策。这些教训反复告诉中国共产党人，只有把马列主义的普遍原理与中国革命实际紧密结合起来，与中国的民族文化传统紧密结合起来，形成中国式的马克思列宁主义，中国革命才能取得最终的胜利。

1938年10月，毛泽东在党的六届六中全会上提出了"使马克思主义在中国具体化"的命题[①]。毛泽东认为：共产党员是国际主义的马克思主义者，但是马克思主义必须和我国的具体特点相

[①] 《毛泽东选集》第2卷，人民出版社1991年版，第534页。

结合并通过一定的民族形式才能实现。马克思列宁主义的伟大力量，就在于它是和各个国家具体的革命实践相联系的。对于中国共产党来说，就是要学会把马克思列宁主义的理论应用于中国具体的环境。成为伟大中华民族的一部分而和这个民族血肉相连的共产党员，离开中国特点来谈马克思主义，只是抽象的空洞的马克思主义。因此，使马克思主义在中国具体化，使之在其每一个表现中带着必须有的中国特征，即是说，按照中国的特点去应用它，成为全党亟待了解并亟待解决的问题。总之，马克思主义必须"以新鲜活泼的、为中国老百姓所喜闻乐见的中国作风和中国气派"表现出来。

1939年10月，毛泽东在《〈共产党人〉发刊词》中，第一次以比较完备的形式提出了"马克思列宁主义的理论和中国革命的实践相结合"这一根本原则，并以此为指导，深刻总结了中国革命的历史经验。随后在毛泽东的倡导下，中国共产党全党兴起了学习马克思主义理论、总结中国革命的历史经验的热潮。

在延安整风运动批判了教条主义与冒险主义错误后，党内高级干部和理论工作者逐渐认识到需要对由毛泽东提出的关于中国革命理论给以适当的命名和正确的评价。从党面临的内外形势看，统一全党思想，克服党内"分散主义""山头主义"，也要求中国共产党客观公正地总结自己的革命经验，形成自己的理论成果。

2. 中国的共产主义——毛泽东思想

两个契机的出现加速了毛泽东思想的酝酿过程。首先是1943年5月，中国共产党长期隶属的共产国际宣布解散，为党独立探索自己的理论成果破除了组织约束。在国内，蒋介石授意陶希圣执笔撰写《中国之命运》，提出了"一个党"（中国国民党）、"一个主义"（蒋介石的"三民主义"）、"一个领袖"（蒋介石）的言论，公然挑起对共产主义的反对。提出中国从前的命运在外交，今后的命运则全在内政，要求以武力消灭共产党及其武装。共产国际的偃旗息鼓与内部挑衅的强势回潮，向中国共产党提出了严峻的考验。唯有自立吾理，坚定全党对共产主义的信心，才能够锻造坚强的政党，团结革命的队伍。世情、国情、党情，都为"毛泽东思想"的诞生明确了需求，创造了条件。经过全党几年的理论探索与总结，中国共产党自己的共产主义——毛泽东思想，在1945年4月党的七大上被正式提出。

刘少奇在修改党章的报告中系统论述了毛泽东思想：首先，从中国历史视野看，一个民族需要有科学的革命理论，这一理论不可能由政治经济上软弱的资产阶级提出，只能由中国无产阶级的代表人创造出来，毛泽东则是这个理论的杰出创造者。其次，从国际视野看，马克思主义需要与俄国革命的实践相结合，才能产生列宁—斯大林主义；中国共产党同样需要引导马克思列宁主义的理论与中国革命的实践相结合，才能创造中国的马克思主义——毛泽东思想。毛泽东思想同列宁—斯大林主义一样，都为指导世界人民特别是东方各民族解放事业作出了巨大贡献。再次，毛泽东的思想表现在他的各种著作以及党的许多文献上，这就是毛泽东关于现代世界情况及中国国情的分析，关于新民主主义的理论与政策，关于解放农民的理论与政策，关于革命统一战线的理论与政策，关于革命战争的理论与政策，关于革命根据地的理论与政策，关于建设新民主主义共和国的理论与政策，关于建设党的理论与政策，关于文化的理论与政策等。这些理论与政策，是完全马克思主义的，又完全是中国的。这是中国民族智慧的最高表现和理论上的最高标准。①

党的七大将毛泽东思想写入党章，明确为全党指导思想，并要求每个党员大力学习和宣传，表明中国共产党依靠自己创造了自信的理论，也越来越具备独立探索理论的自信。

3. 中国特色社会主义理论体系的形成

以毛泽东同志为核心的第一代领导集体，不仅创造出了中国共产党自己的指导思想，更重要的是探索出了一条把马克思列宁主义的思想"灌输"理论、党建学说与中国国情相结合的伟大创造：思想建党。这一基本经验深深地内嵌于中国共产党管党治党

---

① 《刘少奇选集》上卷，人民出版社1981年版，第335页。

◇第八讲 坚定理论自信

的伟大工程，不仅指导了新中国成立之后的社会主义建设实践，也推动了改革开放新时期党的理论创新。党的十一届三中全会以后，以邓小平同志为主要代表的中国共产党人，科学回答了"什么是社会主义、怎样建设社会主义"这一重大问题，提出了"建设有中国特色的社会主义"的科学命题，创立了邓小平理论。党的十三届四中全会以来，以江泽民同志为主要代表的中国共产党人，在世界社会主义出现严重曲折的严峻考验面前，科学回答"建设什么样的党、怎样建设党"这一重大问题，形成了"三个代表"重要思想。党的十六大以来，以胡锦涛同志为主要代表的中国共产党人在新的历史起点上，坚持马克思主义关于发展的世界观和方法论，深刻回答了"实现什么样的发展、怎样发展"这一重大问题，形成了科学发展观。

　　改革开放以来的理论创新在党的十七大上得到了更高程度的升华，最重要的表现是提出"中国特色社会主义理论体系"的概念，大会明确指出："中国特色社会主义理论体系，就是包括邓小平理论、'三个代表'重要思想以及科学发展观等重大战略思想在内的科学理论体系。"在本质上，这一体系是马克思主义的理论体系，是马克思主义中国化最新成果，并且证明了只有与本国国情相结合、与时代发展同进步、与人民群众共命运，马克思主义才能焕发出强大的生命力、创造力、感召力。从继承关系看这一体系坚持和发展了马克思列宁主义、毛泽东思想，凝结了几代中国共产党人带领人民不懈探索实践的智慧和心血。从价值上看，中国特色社会主义道路和理论体系，是改革开放以来我们取得一切成绩和进步的根本原因。面向未来，全党需要长期坚持和不断发展中国特色社会主义理论体系，保持理论体系的开放性，勇于变革、勇于创新，永不僵化、永不停滞。

三、坚定新时代中国特色社会主义理论自信

1. 中国特色社会主义理论的新境界

党的十八大以来，以习近平同志为核心的党中央带领全国各族人民顺应时代要求，以人民为中心，系统地回答了"新时代坚持和发展什么样的中国特色社会主义、怎样坚持和发展中国特色社会主义"这一重大问题，创立了习近平新时代中国特色社会主义思想。这一思想是中国特色社会主义理论体系进一步发展的最新成果，在新时代坚定理论自信，必须要学习和坚持习近平新时代中国特色社会主义思想。这一思想在党的十九大上被写入党章："习近平新时代中国特色社会主义思想是对马克思列宁主义、毛泽东思想、邓小平理论、'三个代表'重要思想、科学发展观的继承和发展，是马克思主义中国化最新成果，是党和人民实践经验和集体智慧的结晶，是中国特色社会主义理论体系的重要组成

部分，是全党全国人民为实现中华民族伟大复兴而奋斗的行动指南，必须长期坚持并不断发展。"①

第十三届全国人民代表大会第一次会议通过的宪法修正案，郑重地把习近平新时代中国特色社会主义思想载入宪法，实现了国家指导思想的与时俱进，反映了全国各族人民共同意志和全社会共同意愿。

宪法与党章对习近平新时代中国特色社会主义思想的地位加以确认，是国家政治进程中的重要里程碑，这是一个历史性决策和历史性贡献，体现了党在政治上理论上的高度成熟、高度自信。这种自信不仅源于对历史上重大思想成果的继承，更源于党的十八大以来党在理论探索与实践运用方面的丰富成就。

2. 中国特色社会主义理论的新成就

第一，大兴学习之风，重视增强各方面本领。重视抓全党特别是领导干部的学习，是推动党和人民事业发展的一条成功经验。中国共产党曾在不断学习并解决新的矛盾过程中，走过了革命、建设、改革的历程，中国特色社会主义进入新时代后，同样需要正确认识和妥善处理我国发展起来后不断出现的新情况新问题，这是由世情、国情、党情的发展变化引起的。应对复杂多变的国

---

① 《中国共产党章程》，人民出版社2017年版，第3页。

际形势，把握改革发展稳定大局，做好方方面面的工作，克服、战胜来自各方面的困难、风险、挑战，对全体党员的本领提出了新的要求。因此，党的十八大提出了建设学习型、服务型、创新型马克思主义执政党的重大任务，把学习型放在第一位，强调了学习对服务、创新的先导作用。

学习有理论知识的学习，也有实践知识的学习。全党需要学习的内容包括：马克思列宁主义、毛泽东思想、邓小平理论、"三个代表"重要思想、科学发展观、习近平新时代中国特色社会主义思想和治国理政新理念新思想新战略；党章党规党纪和党的基本知识；党的路线、方针、政策和决议；国家法律法规；社会主义核心价值观；党的历史、中国历史、世界历史和科学社会主义发展史；推进中国特色社会主义事业所需要的经济、政治、文化、社会、生态、科技、军事、外交、民族、宗教等方面知识；改革发展实践中的重点、难点问题；党中央和上级党组织要求学习的其他重要内容。

学习靠自觉，也要靠制度。为了进一步提高全党的理论水平和工作能力，推动学习由"软任务"变成"硬约束"，党中央还出台了《干部教育培训工作条例》《中国共产党党委（党组）理论学习中心组学习规则》《中国共产党党员教育管理工作条例》等党内法规，推动理论学习制度化。

第二，强调对马克思主义基本理论"必修课"的学习。马克思主义理论是我们做好一切工作的看家本领,也是领导干部必须普遍掌握的工作制胜的看家本领。习近平总书记强调,马克思列宁主义、毛泽东思想一定不能丢,丢了就丧失根本。以马克思主义为党的思想武装,是中国共产党自诞生之日起就确立的建党原则。党的十八大以来,中共中央政治局以身作则,通过集体学习,用党的科学理论武装头脑。中央政治局先后学习了中国特色社会主义理论和实践(2013年6月25日)、历史唯物主义基本原理和方法论(2013年12月3日)、辩证唯物主义基本原理和方法论(2015年1月23日)、马克思主义政治经济学基本原理和方法论(2015年11月23日)、当代世界马克思主义思潮及其影响(2017年9月29日)与《共产党宣言》及其时代意义(2018年4月23日)等重要内容。

2018年5月4日纪念马克思诞辰200周年大会举行。习近平发表讲话指出:"马克思主义始终是我们党和国家的指导思想,是我们认识世界、把握规律、追求真理、改造世界的强大思想武器。"[①]新时代,中国共产党人仍然要学习马克思,学习和实践马克思主义,继续高扬马克思主义伟大旗帜,坚持和发展中国特色社会主义,让马克思、恩格斯设想的人类社会美好前景不断在中国大地上生动展现出来。为此,全党把马克思主义理论作为必修课,

---

① 习近平:《在纪念马克思诞辰200周年大会上的讲话》,人民出版社2018年版,第15页。

组织广大党员、干部特别是领导干部学习和研读经典著作,推进经典著作编译、导读工作,加强教育教学。只有将马克思主义基本原理运用到统揽伟大斗争、伟大工程、伟大事业、伟大梦想的实践中,才能不断谱写新时代坚持和发展中国特色社会主义的新篇章。

第三,不断推进实践基础上的理论创新。"理论的生命力在于不断创新,推动马克思主义不断发展是中国共产党人的神圣职责。"① 以习近平同志为核心的党中央举旗定向、掌舵领航,坚持一切从实际出发,理论联系实际,实事求是,在实践中检验真理和发展真理,强调基本理论和指导思想上的与时俱进,这是我们党始终保持蓬勃生命力、创造力的关键所在。理论的与时俱进,在当下表现为习近平新时代中国特色社会主义思想的科学指引。习近平新时代中国特色社会主义思想,是新时代中国共产党的思想旗帜,是国家政治生活和社会生活的根本指针,是当代中国马克思主义、21世纪马克思主义。习近平新时代中国特色社会主义思想内涵十分丰富,涵盖新时代坚持和发展中国特色社会主义的总目标、总任务、总体布局、战略布局和发展方向、发展方式、发展动力、战略步骤、外部条件、政治保证等基本问题,并根据新的实践对经济、政治、法治、科技、文化、教育、民生、民族、

---

① 习近平:《在纪念马克思诞辰200周年大会上的讲话》,人民出版社2018年版,第27页。

宗教、社会、生态文明、国家安全、国防和军队、"一国两制"和祖国统一、统一战线、外交、党的建设等各方面作出新的理论概括和战略指引。习近平新时代中国特色社会主义思想的核心内容是"八个明确"和"十四个坚持"。

"八个明确"，就是明确坚持和发展中国特色社会主义，总任务是实现社会主义现代化和中华民族伟大复兴，在全面建成小康社会的基础上，分两步走在本世纪中叶建成富强民主文明和谐美丽的社会主义现代化强国；明确新时代我国社会主要矛盾是人民日益增长的美好生活需要和不平衡不充分的发展之间的矛盾，必须坚持以人民为中心的发展思想，不断促进人的全面发展、全体人民共同富裕；明确中国特色社会主义事业总体布局是"五位一体"、战略布局是"四个全面"，强调坚定道路自信、理论自信、制度自信、文化自信；明确全面深化改革总目标是完善和发展中国特色社会主义制度、推进国家治理体系和治理能力现代化；明确全面推进依法治国总目标是建设中国特色社会主义法治体系、建设社会主义法治国家；明确党在新时代的强军目标是建设一支听党指挥、能打胜仗、作风优良的人民军队，把人民军队建设成为世界一流军队；明确中国特色大国外交要推动构建新型国际关系，推动构建人类命运共同体；明确中国特色社会主义最本质的特征是中国共产党领导，中国特色社会主义制度的最大优势是中国共产党领导，党是最高政治领导力量，提出新时代党的建设总要求，突出政治建设在党的建设中的重要地位。

"十四个坚持",就是坚持党对一切工作的领导,坚持以人民为中心,坚持全面深化改革,坚持新发展理念,坚持人民当家作主,坚持全面依法治国,坚持社会主义核心价值体系,坚持在发展中保障和改善民生,坚持人与自然和谐共生,坚持总体国家安全观,坚持党对人民军队的绝对领导,坚持"一国两制"和推进祖国统一,坚持推动构建人类命运共同体,坚持全面从严治党。

习近平新时代中国特色社会主义思想,体系严整、逻辑严密、内涵丰富、博大精深,闪耀着马克思主义真理光辉。这一思想贯通马克思主义哲学、政治经济学、科学社会主义,贯通历史、现实和未来,贯通改革发展稳定、内政外交国防、治党治国治军等各领域,既坚持了老祖宗,又讲了很多新话,使我们党对共产党执政规律、社会主义建设规律、人类社会发展规律的认识达到了新高度,为发展马克思主义作出了原创性贡献。

第四,不断强调构建中国特色的学科体系、学术体系与话语体系。一个没有发达的自然科学的国家不可能走在世界前列,一个没有繁荣的哲学社会科学的国家也不可能走在世界前列。人类社会每一次重大跃进,人类文明每一次重大发展,都离不开哲学社会科学的知识变革和思想先导。站在新的历史起点上,更好进行具有许多新的历史特点的伟大斗争、推进中国特色社会主义伟大事业,需要充分发挥哲学社会科学的作用，需要哲学社会科学工作者立时代潮头、发思想先声，积极为党和人民述学立论、建言献策。

为此，2016年5月17日，习近平总书记主持召开哲学社会科学工作座谈会，强调坚持和发展中国特色社会主义，必须高度重视哲学社会科学，坚持马克思主义在哲学社会科学领域的指导地位，并结合中国特色社会主义伟大实践，加快构建中国特色哲学社会科学的学科体系、学术体系以及话语体系，深化党的理论创新成果的学理阐释，将党的理论创新成果的核心思想、关键话语体现到各学科领域。2017年3月5日，中共中央印发《关于加快构建中国特色哲学社会科学的意见》，为加快构建中国特色哲学社会科学指明了前进方向。

第五，推动理论传播，巩固全党全国人民团结奋斗的共同思想基础。深入学习贯彻习近平新时代中国特色社会主义思想，是一项长期的政治任务，是一个持续推进、常学常新、不断深化的过程，需要精心策划、周密安排，采取切实有效措施，推动学习贯彻往深里走、往实里走、往心里走。为此，党不断强化新形势下宣传思想工作，以习近平新时代中国特色社会主义思想和党的十九大精神为指导，增强"四个意识"、坚定"四个自信"，自觉承担起举旗帜、聚民心、育新人、兴文化、展形象的使命任务，坚持正确政治方向，在基础性、战略性工作上下功夫，在关键处、要害处下功夫，在工作质量和水平上下功夫，推动宣传思想工作不断强起来,促进全体人民在理想信念、价值理念、道德观念上紧紧团结在一起,为服务党和国家事业全局作出更大贡献。

集中体现中国理论最新成果的《习近平谈治国理政》自2014年9月发行以来,已先后出版三卷,累计发行超过642万册,并已出版中、英、法、俄、阿、西、葡、德、日等21个语种,发行到世界160多个国家和地区。充分彰显了中国特色社会主义理论体系的科学指导作用。此外,为帮助广大党员、干部、群众学习习近平新时代中国特色社会主义思想和治国理政新理念新思想新战略,中共中央文献研究室等部门还围绕实现中华民族伟大复兴的中国梦、统筹推进"五位一体"总体布局、协调推进"四个全面"战略布局,相继编辑出版习近平有关论述摘编。2019年6月4日中共中央印发的《习近平新时代中国特色社会主义思想学习纲要》,对习近平新时代中国特色社会主义思想作了全面系统阐述,有助于更好地理解把握这一思想的基本精神、基本内容、基本要求,是深入学习领会习近平新时代中国特色社会主义思想的重要辅助读物。截至2020年底,《习近平新时代中国特色社会主义思想学习纲要》的出版发行量已超过7100万册。

百年大计,教育为本,巩固马克思主义在意识形态领域的指导地位,巩固全党全国人民团结奋斗的共同思想基础,把全党全国各族人民的思想统一起来,必须牢牢把握教育阵地。习近平总书记于2019年3月18日主持召开学校思想政治理论课教师座谈会,并强调:"办好思想政治理论课,最根本的是要全面贯彻党的教育方针,解决好培养什么人、怎样培养人、为谁培养人这个根本问题。新时代贯彻党的教育方针,要坚持马克思主义指导地位,贯彻新时代中国特色社会主义思想,坚持社会主义办学方向,落实立德树人的根本任务,坚持教育为人民服务、为中国共产党治国理政服务、为巩固和发展中国特色社会主义制度服务、为改革开放和社会主义现代化建设服务,扎根中国大地办教育,同生产劳动和社会实践相结合,加快推进教育现代化、建设教育强国、办好人民满意的教育,努力培养担当民族复兴大任的时代新人,培养德智体美劳全面发展的社会主义建设者和接班人。"[①] 而办中国特色社会主义教育,需要理直气壮开好思想政治理论课,用新时代中国特色社会主义思想铸魂育人,引导学生增强中国特色社会主义道路自信、理论自信、制度自信、文化自信,思想政治理论课是落实立德树人根本任务的关键课程。

3.坚定中国特色社会主义理论自信

中国特色社会主义进入新时代,需要我们继续坚持中国特色社会主义理论自信。

第一,要把握好守正与创新的关系。注重思想建党、理论强

---

① 习近平:《思政课是落实立德树人根本任务的关键课程》,人民出版社2020年版,第9页。

党，学懂马克思列宁主义、毛泽东思想、邓小平理论、"三个代表"重要思想、科学发展观、习近平新时代中国特色社会主义思想，领会贯穿其中的马克思主义立场、观点、方法，才能深刻认识和准确把握共产党执政规律、社会主义建设规律、人类社会发展规律，才能始终坚定理想信念。与此同时，要不断推进理论创新、实践创新、制度创新、文化创新以及其他各方面创新，充分彰显马克思主义的真理力量、科学社会主义的时代价值。以此为指导，才能使党的全部工作更好体现时代性、把握规律性、富于创造性，才能把中国特色社会主义不断推向前进。

第二，要相信人民群众的智慧与创造。人民是具有伟大创造精神、伟大奋斗精神、伟大团结精神、伟大梦想精神的人民。人民群众是历史的创造者，更是马克思主义理论创新的来源。改革开放在认识和实践上的每一次突破和发展，改革开放中每一个新生事物的产生和发展，改革开放每一个方面经验的创造和积累，无不来自亿万人民的实践和智慧。在人民面前，我们永远是小学生。必须充分尊重人民所表达的意愿、所创造的经验、所拥有的权利、所发挥的作用，自觉以人民为师，向能者求教，向智者问策。要把政治智慧的增长、执政本领的增强、领导艺术的提高深深扎根于人民群众的实践沃土中，不断从人民群众中吸取营养和力量。始终与人民心心相印、与人民同甘共苦、与人民团结奋斗，使全体人民都满腔热情地投身到建设祖国的美好未来和创造自己的幸福生活中去。

◇第八讲　坚定理论自信

第三，要自觉运用马克思主义。"代表先进阶级的正确思想，一旦被群众掌握，就会变成改造社会、改造世界的物质力量。"①我们党是高度重视理论建设和理论指导的党，强调理论必须同实践相统一。学习马克思主义基本原理，是为了用马克思主义的真理力量坚定信仰，提高全党运用马克思主义基本原理解决当代中国实际问题的能力和水平，我们需要借助历史唯物主义更好地认识历史发展规律，从我国基本国情和发展要求出发，提出和实施党在现阶段的理论和路线方针政策；需要运用辩证唯物主义，增强辩证思维、战略思维能力，努力提高解决我国改革发展基本问题的本领；需要凭借马克思主义政治经济学提高驾驭社会主义市场经济的能力。

第四，要正确对待来自不同背景的理论。要虚心学习借鉴人类社会创造的一切文明成果，但我们不能数典忘祖，不能照抄照搬别国的发展模式，也绝不会接受任何外国颐指气使的说教。对国外马克思主义研究新成果，也需要密切关注和研究，有分析、有鉴别，既不能采取一概排斥的态度，也不能搞全盘照搬。

第五，要相信马克思主义的未来前景。"一个政党执政，最怕的是在重大问题上态度不坚定。"②时代在变化，社会在发展，

---

① 《毛泽东文集》第8卷，人民出版社1999年版，第320页。
② 《习近平谈治国理政》第2卷，外文出版社2017年版，第113页。

但马克思主义基本原理依然是科学真理，马克思科学揭示了人类社会最终走向共产主义的必然趋势。尽管我们所处的时代同马克思所处的时代相比发生了巨大而深刻的变化，但从世界社会主义500年的大视野来看，我们依然处在马克思主义所指明的历史时代。这是我们对马克思主义保持坚定信心、对社会主义保持必胜信念的科学根据。背离或放弃马克思主义，我们党就会失去灵魂、迷失方向。在坚持以马克思主义为指导这一根本问题上，我们必须坚定不移，任何时候任何情况下都不能动摇。

当今世界正经历百年未有之大变局，我国正处于实现中华民族伟大复兴的关键时期，我们党正带领人民进行具有许多新的历史特点的伟大斗争。应时代之变迁、立时代之潮头、发时代之先声，要求中国共产党领导全国各族人民坚定理论自信，坚持马克思主义的指导地位，学习理论，开拓创新，巩固全党全国人民团结奋斗的共同思想基础，让21世纪的马克思主义焕发新的生机与活力。

第九讲

坚定制度自信

中国共产党自成立以来，团结带领人民，坚持把马克思主义基本原理同中国具体实际相结合，赢得了中国革命的胜利，并深刻总结国内外正反两方面经验，不断探索实践，不断改革创新，形成和发展党的领导和经济、政治、文化、社会、生态文明、军事、外事等各方面制度，这些制度成果构成了中国特色社会主义制度体系。这一制度体系是党和人民在革命、建设、改革长期实践探索中形成的科学制度体系，坚持了社会主义的根本性质，又借鉴了古今中外制度建设的有益成果，生长于中国的社会土壤，是马克思主义基本原理同中国具体实际相结合的产物。

一、中国特色社会主义制度的探索与开辟

1. 中国传统制度的成就与挫折

一个国家的治理体系，会受到这个国家的历史传承与文化传统影响。中华民族是一个极具制度创造力的民族，在几千年的历史演进中，中华民族形成了关于国家制度和国家治理的丰富思想，包括大道之行、天下为公的大同理想，六合同风、四海一家的大一统传统，德主刑辅、以德化人的德治主张，民贵君轻、政在养民的民本思想，等贵贱均贫富、损有余补不足的平等观念，法不阿贵、绳不挠曲的正义追求，孝悌忠信、礼义廉耻的道德操守，任人唯贤、选贤与能的用人标准，周虽旧邦、其命维新的改革精神，亲仁善邻、协和万邦的外交之道，以和为贵、好战必亡的和平理念，等等。在这些思想的照耀下，中国自古以来还逐步形成了一整套包括朝廷制度、郡县制度、土地制度、税赋制度、科举制度、监察制度、军事制度等各方面制度在内的国家制度和国家治理体系，为人类制度宝库作出了卓越的贡献，体现了中国古代制度的独特魅力。

进入近代以后，日益深重的政治危机和民族危机使统治中国几千年的君主专制制度陷入困境。帝国主义列强入侵导致中国逐步成为半殖民地半封建社会，而腐朽无能的封建统治对此的应对

过于迟缓，以李鸿章、曾国藩为首的朝廷重臣试图以西方先进技术的"用"来维护封建专制制度的"体"，徘徊在器物层面的尝试未能扭转清王朝的末路，甲午中日战争随即宣告了洋务运动的破产，也迫使无数仁人志士将变革眼光投向新的国家制度和国家治理体系，试图寻找适合国情的政治制度模式。国人尝试了君主立宪制、议会制、多党制、总统制等各种制度模式，"钦定宪法""临时约法""天坛宪草""民国约法""民国宪法""民国宪草"相继破产，"临时参议院""民元国会""安福国会""新新国会"屡遭动荡，各种政治势力及其代表人物纷纷登场，但都以失败而告终。中国依然是山河破碎、积贫积弱，列强依然在中国横行霸道、攫取利益，中国人民依然生活在苦难和屈辱之中。

事实证明，不触动旧的社会根基，照搬西方政治制度模式的各种方案，不能让中国的政局和社会稳定下来，也都谈不上为中国实现国家富强、人民幸福提供制度保障。同时，制度的探索必须以强有力的政党对政权的领导为前提，以武装力量为保障。中国共产党在建党初期也曾与国民党合作，进行了轰轰烈烈的革命工作，基本上推翻了北洋军阀的反动统治，沉重地打击了帝国主义的侵略势力。但是，与革命形势的突飞猛进相比，中国共产党对于革命政权的认识落后于形势，一度批评各地共产党员参加政府，要求共产党必须立足于在野党的地位。直到1926年底，中共中央才初步认识到参加政权的必要性，但国民革命联合战线的内部矛盾迅速恶化，使得加入政权的共产党员并未起到重要作用。在建立共产党直接领导的革命武装问题上，中共中央同样未给予足够认识，以至于当国民党叛变革命，向人民突然袭击的时候，党和人民不能组织有效的抵抗，这次革命最终失败了。

在严酷的斗争和血的教训中，我们党深刻认识到："枪杆子里出政权"，没有革命的武装就无法战胜武装的反革命，就无法担起领导革命、夺取政权、探索制度的重任，更无法改变中国人民和中华民族的命运。

2. 中国共产党局部执政的尝试

彼时的中国是一个由帝国主义间接统治的、由新旧式军阀割据混战的半殖民地半封建的国家，帝国主义和国内买办豪绅阶级支持着的各派新旧军阀，助推着白色政权间的长期的分裂和战争。这既是近代中国一盘散沙的原因，也为中国共产党在白色政权的包围中开辟红色政权提供了可能，使党领导的土地革命斗争能广泛地利用敌人的矛盾，在敌人的统治比较薄弱的广大地区首先建立和保持武装的革命根据地。相当力量的正式红军的存在，则为红色政权的存在提供了必要条件。1927年10月，毛泽东率领湘赣边秋收起义的工农革命军到达罗霄山脉中段的井冈山地区，开展游击战争，进行土地革命，恢复和建立共产党的组织，建立革命政权和赤卫队。中国共产党在局部执政条件下的制度探索历程，也由此开启。

◇ 第九讲 坚定制度自信

1931年11月7日，中华苏维埃共和国临时中央政府在江西中央苏区成立，这是由中国共产党人独立领导创建的第一个政权。中华苏维埃第一次全国代表大会通过了《中华苏维埃共和国宪法大纲》以及《中华苏维埃共和国土地法》《中华苏维埃共和国劳动法》等法律文件。选举产生了毛泽东、项英、周恩来、朱德等63人组成的中央执行委员会，作为全国代表大会闭会期间的最高政权机关。中华苏维埃共和国进行了一系列制度探索：在苏维埃区域试行工农民主专政，实行工农兵代表大会制度；制定劳动法，宣布八小时工作制，规定最低限度的工资标准，创立社会保险制度与国家的失业津贴；发行独立货币，设立国家银行；土地国有；保证工农劳苦民众有言论、出版、集会、结社的自由；保证信教自由，但实行绝对政教分离原则；保证彻底的实行妇女解放，承认婚姻自由；保证工农劳苦民众有受教育的权利，施行完全免费的普及教育等。

中华苏维埃共和国是中国历史上第一个全国性的工农民主政权，中国共产党在局部地区执政的重要尝试，为我们党在抗日战争和解放战争时期的根据地建设以及新中国的政权建设，提供了宝贵的历史经验，培养了一大批领导骨干和组织、管理人才。

第五次反"围剿"失败后，中国共产党领导中央红军进行长征，肩负着民族希望胜利实现了北上抗日的战略转移，实现了国内革命战争向抗日民族战争的转变。1937年9月6日，陕甘宁边区政府成立,中国共产党在面积12.9万平方公里、下辖人口200万的土地上再一次开展局部执政的实践。党的制度探索集中体现在1941年由中国共产党边区中央局提出、陕甘宁边区第二届参议会正式通过的《陕甘宁边区施政纲领》中。这个宪法性文件规定了中国共产党与各党派、群众团体按照"三三制"组织抗日民主政权,保证一切抗日人民的人权、政权、财权及言论、出版、集会、结社、信仰等各项自由民主权利。此外,还规定了改进司法制度、厉行廉洁政治、减租减息以及有关婚姻家庭、民族、外交、侨务等各方面政策。

"三三制"原则的提出是为了适应根据地政权的抗日民族统一战线性质,即要求抗日民主政府在工作人员分配问题上,共产党员、非党的"左"派进步分子和不"左"不右的中间派各占1/3。政权的产生需要经过人民选举,组织形式为民主集中制。经济上采取劳资两利、公私兼顾、合理负担的原则;停止没收地主土地的政策,普遍实行减租减息政策。党实行各民族平等团结、共同抗日的基本政策,在少数民族聚居地区试行民族区域自治,成为党在解决少数民族问题时的一大创造。

与苏联共产党有着显著不同,中国共产党在夺取全国政权之前,就已经在中华苏维埃共和国、陕甘宁边区政府进行了局部执政,在制度探索的实践中积累了宝贵经验,这些经验为中国共产党日后治理新中国增添了信心,打下了良好的基础。

3. 中国特色社会主义制度的创立

经过28年的艰苦奋斗，中国共产党领导中国人民彻底推翻了帝国主义、封建主义、官僚资本主义三座大山，成立了人民当家作主的新中国，从根本上改变了近代以后中国一盘散沙、内忧外患、任人宰割的悲惨命运，为接续近代以来的历史性课题创造了前人所不具备的良好环境，即在亿万中国人民当家作主、中国高度统一和各民族空前团结的环境下，继续回答"建立什么样的政治制度"的问题。而中国共产党对这一问题的构想早在新中国成立前就已经展开。

以毛泽东同志为核心的党中央领导集体在制度设计的方向性问题上给出了坚定的态度：第一，在阶级性上，新政权是人民民主专政的政权，应当是以无产阶级领导的，以工农联盟为基础，这是国家由新民主主义过渡到社会主义的主要依凭；第二，新中国的政体不能是资产阶级的议会制和三权分立，而应当建立民主集中制的各级人民代表会议制度；第三，单一制而非联邦制的国家结构形式符合中国国情，但在统一的国家内可以实行民族区域自治，这更有利于民族平等原则的实现。

1949年9月21日，中国人民政治协商会议第一届全体会议在北平中南海怀仁堂隆重开幕，会议通过了具有临时宪法作用的《中国人民政治协商会议共同纲领》，规定"中华人民共和国为新民主主义即人民民主主义的国家，实行工人阶级领导的、以工农联盟为基础的、团结各民主阶级和国内各民族的人民民主专政"；"中华人民共和国的国家政权属于人民。人民行使国家政权的机关为各级人民代表大会和各级人民政府"；"各级政权机关一律实行民主集中制"，初步搭建了新中国的制度架构。

1954年9月，中华人民共和国第一届全国人民代表大会第一次会议在北京召开，通过了《中华人民共和国宪法》，确立了人民代表大会制度这一新中国的根本政治制度。全国人民代表大会召开后，中国人民政治协商会议不再代行全国人民代表大会的职权，但作为"团结全国各民族、各民主阶级、各民主党派、各人民团体、国外华侨和其他爱国民主人士的人民民主统一战线的组织"，政协会议依旧是中国共产党领导的多党合作和政治协商制度的重要表现形式。此外，宪法还规定了"各少数民族聚居的地方实行区域自治。各民族自治地方都是中华人民共和国不可分离的部分"。这个宪法巩固了我国人民革命的成果和中华人民共和国成立以来政治上、经济上的新胜利，确立了中国的社会主义基本政治制度，反映了国家在过渡时期的根本要求和广大人民建设社会主义社会的共同愿望。社会主义基本制度的建立，也为当代中国一切发展进步奠定了根本政治前提和制度基础。

随着政治制度的确立，社会主义的基本经济制度也逐渐在中国建立起来。但是，在中国这样一个经济文化落后的国家实行什么样的经济制度，中国共产党并没有太多经验。因此党在最初学习甚至照搬了苏联的经验，领导全国人民迅速完成社会主义改造，社会主义公有制的基本经济制度建立起来，在分配领域实行按劳分配，经济体制采用计划经济，使社会主义经济建设在短时间内取得显著成效。1956年2月召开的苏共二十大，暴露了苏联在社会主义建设中的缺点和错误，促使以毛泽东为主要代表的中国共产党人开始探索适合中国情况的社会主义建设道路，并取得了积极的成果。

新中国根本政治制度与基本政治、经济制度的确立，是探索中国特色社会主义制度良好开局。但是，由于对社会主义建设经验不足，对经济发展规律和中国经济基本情况认识不足，全党在胜利面前急于求成，夸大了主观意志和主观努力的作用，实践中，片面追求"一大二公"、搞平均主义、指令性计划生产，出现了一定的偏差。尽管党中央及时果断地进行了调整，但"左"倾错误在经济工作的指导思想上并未得到彻底纠正，而在政治和思想文化方面还有发展，最终发展为十年内乱，进而影响到政治制度的运行。尽管如此，新中国成立初期确立的政治、经济制度依旧取得了巨大的成就。制度探索具有长期性、复杂性，各种各样的体制性矛盾，有待改革开放新时期进一步解决。

4. 中国特色社会主义制度的改革

1978年12月18日至22日，党的十一届三中全会召开，集中讨论并解决了关于党的指导思想、全党工作重点转移、经济工作、改革开放、保障人民民主和加强社会主义法制、党的建设等一系列重大问题。从此，党和国家进入了以改革开放和社会主义现代化建设为主要任务的历史新时期，中国特色社会主义制度的探索历程也继续推进。

坚持正确方向，既不走封闭僵化的老路，也不走改旗易帜的邪路，这是制度改革的前提要求。针对改革之初极少数人利用拨乱反正时机从根本上否定毛泽东思想、中国共产党的领导、人民民主专政和社会主义道路的现象，1979年3月30日，邓小平在理论工作务虚会上提出了坚持社会主义道路，坚持人民民主专政，坚持共产党的领导，坚持马克思列宁主义、毛泽东思想的四项基本原则。四项基本原则的提出为中国特色社会主义制度探索排除来自"左"的和右的方面的干扰，提供了可靠的政治基础，指明了正确的方向。

在政治制度方面，1980年8月18日，邓小平在中共中央政治局扩大会议上发表《党和国家领导制度的改革》讲话，指出领导制度、组织制度问题更带有根本性、全局性、稳定性和长期性，提出了政治体制改革的基本任务。1986年9月，党的十二届六中全会把坚定不移地进行政治体制改革确定为社会主义现代化建设的总体布局的重要内容之一。1987年10月，党的十二届七中全会讨论并原则同意《政治体制改革总体设想》，决定将其主要内容

◇第九讲　坚定制度自信

写入中共中央委员会向党的十三大的报告。党的十三大报告将政治体制改革问题列为重要内容，阐述了政治体制改革的任务、性质、目标以及方法、步骤等一系列问题。

在经济制度方面，党深刻总结国内外正反两方面经验，推动我国经济体制深刻变革。经济体制的突破首先从农村展开，家庭联产承包责任制打开了中国经济体制改革的局面。1984年10月，党的十二届三中全会通过《中共中央关于经济体制改革的决定》，指出我国社会主义经济是在公有制基础上的有计划的商品经济。随后，经济体制改革以城市为重点，围绕所有制结构、自主经营权、计划与市场关系等问题全面展开。1992年，以邓小平南方谈话和党的十四大为标志，改革开放和现代化建设事业进入从计划经济体制向社会主义市场经济体制转变的新阶段。1993年11月召开的党的十四届三中全会，通过了《中共中央关于建立社会主义市场经济体制若干问题的决定》，将党的十四大提出的社会主义市场经济体制改革的目标和基本原则具体化，进一步勾画了社会主义市场经济体制的基本框架，成为20世纪90年代进行经济体制改革的行动纲领。1997年9月，党的十五大明确：公有制为主体、多种所有制经济共同发展，是中国社会主义初级阶段的一项基本经济制度，公有制的实现形式可以而且应当多样化。

"文化大革命"结束后，邓小平说过："我们的党和人民浴血奋斗多年，建立了社会主义制度。尽管这个制度还不完善，又遭受了破坏，但是无论如何，社会主义制度总比弱肉强食、损人利己的资本主义制度好得多。我们的制度将一天天完善起来，它将吸收我们可以从世界各国吸收的进步因素，成为世界上最好的制度。"① 40多年的改革开放有力推动了中国特色社会主义制度和国家治理体系在革除体制机制弊端的过程中不断走向成熟，这项事业在党的十八大全面深化改革以来得到了更加充分的推进。

二、中国特色社会主义制度的体系与优势

1. 新时代中国特色社会主义的制度体系

党的十八大以来，我们党领导人民统筹推进"五位一体"总体布局、协调推进"四个全面"战略布局，推动中国特色社会主义制度更加完善、国家治理体系和治理能力现代化水平明显提高，为政治稳定、经济发展、文化繁荣、民族团结、人民幸福、社会安宁、国家统一提供了有力保障。目前，我们已经形成了涵盖党的领导和经济、政治、文化、社会、生态文明、军事、外事等各方面的制度体系。

在社会主义基本经济制度方面，坚持公有制为主体、多种所

---

① 《邓小平文选》第2卷，人民出版社1994年版，第337页。

有制经济共同发展,按劳分配为主体、多种分配方式并存,社会主义市场经济体制等社会主义基本经济制度,既体现了社会主义制度优越性,又同我国社会主义初级阶段社会生产力发展水平相适应,是党和人民的伟大创造。这一基本经济制度充分发挥市场在资源配置中的决定性作用,更好发挥政府作用,全面贯彻了新发展理念,坚持以供给侧结构性改革为主线,加快建设现代化经济体系。

在人民当家作主的制度体系方面,我们始终坚持党的领导、人民当家作主、依法治国有机统一,坚持和完善人民代表大会制度、中国共产党领导的多党合作和政治协商制度、民族区域自治制度、基层群众自治制度,全面推进依法治国,巩固和发展最广泛的爱国统一战线,发展社会主义协商民主,完善中国特色社会主义法治体系、中国特色社会主义行政体制,用制度体系保证人民当家作主。

在繁荣发展社会主义先进文化的制度领域,坚持马克思主义在意识形态领域指导地位的根本制度,坚持以社会主义核心价值观引领文化建设制度,健全人民文化权益保障制度,完善坚持正确导向的舆论引导工作机制,建立健全把社会效益放在首位、社会效益和经济效益相统一的文化创作生产体制机制。

社会领域的制度建设沿着两个方向展开:一是统筹城乡的民生保障制度,不断促进社会公平正义,健全有利于更充分更高质量就业的促进机制，构建服务全民终身学习的教育体系，完善覆盖全民的社会保障体系，强化提高人民健康水平的制度保障，实现发展成果更多更公平惠及全体人民，满足人民日益增长的美好生活需要。二是坚持和完善共建共治共享的社会治理制度，完善正确处理新形势下人民内部矛盾有效机制，完善社会治安防控体系，健全公共安全体制机制，构建基层社会治理新格局，完善国家安全体系，确保人民安居乐业、社会安定有序，建设更高水平的平安中国。

生态文明建设是关系中华民族永续发展的千年大计，党的十八大把生态文明建设纳入中国特色社会主义事业总体布局，建立系统完整的生态文明制度体系，实行最严格的生态环境保护制度，全面建立资源高效利用制度，健全生态保护和修复制度，严明生态环境保护责任制度，用制度保护生态环境。

人民军队是中国特色社会主义的坚强柱石，党对人民军队的绝对领导是人民军队的建军之本、强军之魂。中央军委实行主席负责制是坚持党对人民军队绝对领导的根本实现形式，用于保证人民军队最高领导权和指挥权属于党中央。健全人民军队党的建设制度体系，坚持党委制、政治委员制、政治机关制，坚持党委统一的集体领导下的首长分工负责制，坚持支部建在连上，完善党领导军队的组织体系。完善军事力量运用、建设、管理等政策制度体系，把党对人民军队的绝对领导贯彻到军队建设各领域全过程。

"一国两制"是党领导人民实现祖国和平统一的一项重要制度，是中国特色社会主义的一个伟大创举。坚持"一国"是实行"两制"的前提和基础，"两制"从属和派生于"一国"并统一于"一国"之内。全面准确贯彻"一国两制""港人治港""澳人治澳"、高度自治的方针，健全中央依照宪法和基本法对特别行政区行使全面管治权的制度，坚定推进祖国和平统一进程。

党和国家监督体系是党在长期执政条件下实现自我净化、自我完善、自我革新、自我提高的重要制度保障。党的十八大以来，中国共产党领导健全党和国家监督制度，完善权力配置和运行制约机制，构建一体推进不敢腐、不能腐、不想腐体制机制，健全党统一领导、全面覆盖、权威高效的监督体系，增强监督严肃性、协同性、有效性，形成决策科学、执行坚决、监督有力的权力运行机制，确保党和人民赋予的权力始终用来为人民谋幸福。

2. 新时代中国特色社会主义制度的评判标准

经济基础决定上层建筑，当政治、法律、文化的上层建筑对经济基础起同向作用时，制度的优越性就得以彰显。优越性的合理评判，离不开科学的"尺度"。中国共产党对中国特色社会主义制度优越性的评判标准，经历了不断深化的过程。

新中国成立初期，中国特色社会主义制度主要服务于打破一穷二白的局面，改变积贫积弱的困境。毛泽东认为，社会主义制度较之资本主义制度的优越性，就体现在能够使人民"发挥其无穷无尽的力量"，这种"力量"的评判标准主要集中在生产力方面：从效率上看，"过去三个人做的工作，合作化以后，两个人做就行了"①；从速度上看，"社会主义经济的发展比资本主义国家快得多"②；从结果上看，是"赶上世界上最强大的资本主义国家"，避免"从地球上开除你的球籍"③。

毛泽东对制度优越性的衡量标准在改革开放新时期得到了继承与发展，邓小平在《党和国家领导制度的改革》认为，"我们进行社会主义现代化建设，是要在经济上赶上发达的资本主义国家，在政治上创造比资本主义国家的民主更高更切实的民主，并且造就比这些国家更多更优秀的人才""党和国家的各种制度究竟好不好，完善不完善，必须用是否有利于实现这三条来检验"。④邓小平在坚持生产力标准的基础上，融合了国家对于政治与文化发展的时代诉求，丰富了制度评判的体系。

进入中国特色社会主义新时代之后，我们党对制度评判的标准再次实现与时俱进。2014年，习近平总书记在庆祝全国人民代表大会成立60周年大会上指出："评价一个国家政治制度是不是民

---

① 《毛泽东文集》第6卷，人民出版社1999年版，第457页。
② 《毛泽东文集》第8卷，人民出版社1999年版，第302页。
③ 《毛泽东文集》第7卷，人民出版社1999年版，第88—89页。
④ 《邓小平文选》第2卷，人民出版社1994年版，第323页。

主的、有效的,主要看国家领导层能否依法有序更替,全体人民能否依法管理国家事务和社会事务、管理经济和文化事业,人民群众能否畅通表达利益要求,社会各方面能否有效参与国家政治生活,国家决策能否实现科学化、民主化,各方面人才能否通过公平竞争进入国家领导和管理体系,执政党能否依照宪法法律规定实现对国家事务的领导,权力运用能否得到有效制约和监督。"[1]党的十九届四中全会将"国家治理体系和治理能力"作为中国特色社会主义制度及其执行能力的集中体现,为衡量制度优势确定了准确的标尺。

3. 新时代中国特色社会主义的制度优势

新中国成立 70 多年来,我们党领导人民创造了世所罕见的经济快速发展奇迹和社会长期稳定奇迹,中华民族迎来了从站起来、富起来到强起来的伟大飞跃,我国国家制度和国家治理体系多方面的显著优势更加充分地发挥出来。

从国家治理体系和治理能力的视角评判,中国特色社会主义制度的显著优势主要体现在:坚持党的集中统一领导,坚持党的科学理论,保持政治稳定,确保国家始终沿着社会主义方向前进的显著优势;坚持人民当家作主,发展人民民主,密切联系群众,紧紧依靠人民推动国家发展的显著优势;坚持全面依法治国,建

---

[1] 《习近平谈治国理政》第 2 卷,外文出版社 2017 年版,第 287 页。

设社会主义法治国家，切实保障社会公平正义和人民权利的显著优势；坚持全国一盘棋，调动各方面积极性，集中力量办大事的显著优势；坚持各民族一律平等，铸牢中华民族共同体意识，实现共同团结奋斗、共同繁荣发展的显著优势；坚持公有制为主体、多种所有制经济共同发展和按劳分配为主体、多种分配方式并存，把社会主义制度和市场经济有机结合起来，不断解放和发展社会生产力的显著优势；坚持共同的理想信念、价值理念、道德观念，弘扬中华优秀传统文化、革命文化、社会主义先进文化，促进全体人民在思想上精神上紧紧团结在一起的显著优势；坚持以人民为中心的发展思想，不断保障和改善民生、增进人民福祉，走共同富裕道路的显著优势；坚持改革创新、与时俱进，善于自我完善、自我发展，使社会始终充满生机活力的显著优势；坚持德才兼备、选贤任能，聚天下英才而用之，培养造就更多更优秀人才的显著优势；坚持党指挥枪，确保人民军队绝对忠诚于党和人民，有力保障国家主权、安全、发展利益的显著优势；坚持"一国两制"，保持香港、澳门长期繁荣稳定，促进祖国和平统一的显著优势；坚持独立自主和对外开放相统一，积极参与全球治理，为构建人类命运共同体不断作出贡献的显著优势。

从实践成果看，在中国特色社会主义制度的保障下，中国共产党领导人民创造了世所罕见的两大奇迹。一是经济快速发展奇迹。我国大踏步赶上时代，用几十年时间走完了发达国家几百年走过的工业化进程，跃升为世界第二大经济体，综合国力、科技实力、国防实力、文化影响力、国际影响力显著提升，人民生活显著改善，中华民族以崭新姿态屹立于世界的东方。二是社会长期稳定奇迹。我国长期保持社会和谐稳定、人民安居乐业，成为国际社会公认的最有安全感的国家之一。实践证明，中国特色社会主义制度和国家治理体系是以马克思主义为指导、植根中国大地、具有深厚中华文化根基、深得人民拥护的制度和治理体系，是具有强大生命力和巨大优越性的制度和治理体系，是能够持续推动拥有14亿多人口大国进步和发展、确保拥有5000多年文明史的中华民族实现"两个一百年"奋斗目标进而实现伟大复兴的制度和治理体系。这些显著优势，是我们坚定中国特色社会主义道路自信、理论自信、制度自信、文化自信的基本依据。

三、坚定新时代中国特色社会主义制度自信

中国特色社会主义制度是特色鲜明、富有效率的，但同时还应当看到，这一体系尚未达到尽善尽美、成熟定型的状态。这需要我们坚持以实践基础上的理论创新推动制度创新，坚持和完善现有制度，从实际出发，及时制定一些新的制度，构建系统完备、科学规范、运行有效的制度体系，使各方面制度更加成熟更加定型。为此，

党的十九届四中全会提出了新的远景目标：坚持和完善中国特色社会主义制度、推进国家治理体系和治理能力现代化的总体目标是，到我们党成立100年时，在各方面制度更加成熟更加定型上取得明显成效；到2035年，各方面制度更加完善，基本实现国家治理体系和治理能力现代化；到新中国成立100年时，全面实现国家治理体系和治理能力现代化，使中国特色社会主义制度更加巩固、优越性充分展现。① 实现这一目标，仍然需要党领导全国各族人民进行不懈奋斗。

1. 加强党对中国特色社会主义制度建设的领导

中国共产党领导是中国特色社会主义最本质的特征，是中国特色社会主义制度的最大优势。近代中国没有在近代从别人身上克隆一套制度，新中国成立后成功摆脱苏联模式，在苏联解体、东欧剧变之际仍然坚定地走自己的路，都是因为在关键抉择时刻，有中国共产党把舵定向，保持了一个国家制度的中国特色、中国风格。

回溯近代以来中国面临的严峻挑战可以看到，各自为政、一盘散沙的局面带来的不是自由与民主，而是无穷无尽的灾难与混乱，只有建立一套党中央集中统一领导的制度，我们才能成功应

---

① 《中国共产党第十九届中央委员会第四次全体会议文件汇编》，人民出版社2019年版，第7页。

对一系列重大风险挑战、克服无数艰难险阻，才能有力应变局、平风波、战洪水、防"非典"、抗地震、抵疫情，充分发挥集中力量办大事的优越性。进入中国特色社会主义制度建设的后半程，更需要我们摒弃零敲碎打调整、碎片化修补的心态，注重全面系统的改革和改进，深化各领域改革和改进的联动和集成，在国家治理体系和治理能力现代化上形成总体效应、取得总体效果，这依旧需要坚持党政军民学、东西南北中，党是领导一切的，坚决维护党中央权威，健全总揽全局、协调各方的党的领导制度体系，完善坚定维护党中央权威和集中统一领导的各项制度，健全党的全面领导制度，把党的领导落实到国家治理各领域各方面各环节。

坚持中国特色社会主义制度的最大优势，要求党的建设同步推进。为坚持和加强党的全面领导，就必须以自我革命的精神加强党的建设。在理想信念上，建立不忘初心、牢记使命的制度。确保全党遵守党章，恪守党的性质和宗旨，用共产主义远大理想和中国特色社会主义共同理想凝聚全党、团结人民，用习近平新时代中国特色社会主义思想武装全党、教育人民、指导工作。在实践方面，坚持党要管党、全面从严治党，增强忧患意识，不断推进党的自我革命，永葆党的先进性和纯洁性。贯彻新时代党的建设总要求，深化党的建设制度改革，坚持依规治党，建立健全以党的政治建设为统领，全面推进党的各方面建设的体制机制。坚持新时代党的组织路线，健全党管干部、选贤任能制度。规范党内政治生活，严明政治纪律和政治规矩，发展积极健康的党内政治文化，全面净化党内政治生态。完善和落实全面从严治党责任制度。坚决同一切影响党的先进性、弱化党的纯洁性的问题作斗争，大力纠治形式主义、官僚主义，不断增强党的创造力、凝聚力、战斗力。唯有如此，才能确保党始终成为中国特色社会主义事业的坚强领导核心，不断开辟中国特色社会主义制度的新境界。

2. 站稳人民立场，坚持以人民为中心的评判标准

一个国家制度的好与坏，如果尺子掌握在别人手中，让别人评头论足、指指点点，绝不是自信的表现。习近平总书记反复强调：鞋子合不合脚，只有穿的人才知道。中国特色社会主义制度好不好、优越不优越，中国人民最清楚，也最有发言权。尽管评判的标准会随着时代不断更新，但能否实现好、维护好、发展好最广大人民根本利益，始终是衡量中国特色社会主义制度好坏的出发点。

始终代表最广大人民根本利益，保证人民当家作主，体现人民共同意志，维护人民合法权益，是我国国家制度和国家治理体系的本质属性，也是我国国家制度和国家治理体系有效运行、充满活力的根本所在。这一有效性落脚于人民的"获得感"：政治领域，尊重人民主体地位，保证人民当家作主，得以切实参与政治生活；经济层面，使人民生活质量显著改善；文化层面，推出更多群众喜爱的文化精品,丰富人民群众的精神世界;社会领域,为人民安居乐业提供和谐稳定的社会环境;生态领域,满足人民群众对优美生态环境的需要。

不断满足人民对美好生活的新期待,是我国国家制度和国家治理体系的重要优势,也是全面深化改革要坚持的正确方向。这要求制度建设不仅要站稳人民立场,更要依靠人民力量。中国特色社会主义制度,拥有14亿多中国人民聚合的磅礴之力,具有无比广阔的舞台,具有无比深厚的历史底蕴,具有无比强大的前进定力,中国人民都应该有这个信心。

3. 坚持和完善中国特色社会主义制度

当今中国特色社会主义制度与国家治理体系,是在我国历史传承、文化传统、经济社会发展的基础上长期发展、渐进改进、内生性演化的结果。我们既要坚持好、巩固好经过长期实践检验的我国国家制度和国家治理体系,又要完善好、发展好我国国家制度和国家治理体系,不断把我国制度优势更好转化为国家治理效能。

一方面,没有坚定的制度自信就不可能有全面深化改革的勇气。中国建设的制度不是国内外部分舆论所臆测的"资本社会主义""国家资本主义""新官僚资本主义",而是具有鲜明中国特色、民族特色、时代特色的社会主义制度。包括在中国共产党领导下,立足基本国情，以经济建设为中心，坚持四项基本原则，坚持改革开放，解放和发展社会生产力，坚持人民代表大会制度的根本政治制度，中国共产党领导的多党合作和政治协商制度、民族区域自治制度以及基层群众自治制度等基本政治制度，中国特色社会主义法律体系，公有制为主体、多种所有制经济共同发展的基本经济制度。这些都是中国特色社会主义制度在新的历史条件下体现的内容，丢掉这些就不成其为社会主义。我们要坚定不移走中国特色社会主义道路，既不走封闭僵化的老路，也不走改旗易帜的邪路。

另一方面，离开不断改革，制度自信也不可能彻底、不可能久远。随着中国特色社会主义进入新时代，我国发展处于新的历史方位，我国社会主要矛盾已经转化为人民日益增长的美好生活需要和不平衡不充分的发展之间的矛盾，我国国家治理面临许多新任务新要求，必然要求与时俱进完善和发展中国特色社会主义制度和国家治理体系。我们要坚持以经济体制改革为重点，坚持社会主义市场经济改革方向，全面深化经济体制、政治体制、文化体制、社会体制、生态文明体制和党的建设制度改革。制度更加成熟更加定型是一个动态过程，治理能力现代化也是一个动态过程，不可能一蹴而就，也不可能一劳永逸。国家制度和国家治理体系建设的目标必须随着实践发展而与时俱进，大胆创新、及时总结，既不能过于理想化、急于求成，也不能盲目自满、固步自封。

4. 强化制度的执行与落实

制度的生命力在于执行。各级党委和政府以及各级领导干部要切实强化制度意识，带头维护制度权威，做制度执行的表率，确保党和国家重大决策部署、重大工作安排都按照制度要求落到实处，切实防止各自为政、标准不一、宽严失度等问题的发生，充分发挥制度指引方向、规范行为、提高效率、维护稳定、防范化解风险的重要作用。

要构建全覆盖的制度执行监督机制，把制度执行和监督贯穿区域治理、部门治理、行业治理、基层治理、单位治理的全过程，坚决杜绝制度执行上做选择、搞变通、打折扣的现象，严肃查处有令不行、有禁不止、阳奉阴违的行为，确保制度时时生威、处处有效。

要把提高治理能力作为新时代干部队伍建设的重大任务，通过加强思想淬炼、政治历练、实践锻炼、专业训练，推动广大干部严格按照制度履行职责、行使权力、开展工作，提高推进"五位一体"总体布局和"四个全面"战略布局等各项工作能力和水平。坚持党管干部原则，落实好干部标准，树立正确用人导向，把制度执行力和治理能力作为干部选拔任用、考核评价的重要依据。尊重知识、尊重人才，加快人才制度和政策创新，支持各类人才为推进国家治理体系和治理能力现代化贡献智慧和力量。

中国共产党领导建立的中国特色社会主义制度，是当代中国发展进步的根本制度保障，是具有明显制度优势、强大自我完善能力的先进制度，我国国家治理一切工作和活动都依照中国特色社会主义制度展开。这一制度体系在历史中开拓，又取得了丰富的历史性成就，这是我们在新时代坚持制度自信的源泉。

第十讲

坚定文化自信

　　中国特色社会主义文化积淀着中华民族最深沉的精神追求，代表着中华民族独特的精神标识，是激励全党全国各族人民奋勇前进的强大精神力量。这一文化，源自于中华民族5000多年文明历史所孕育的中华优秀传统文化，熔铸于党领导人民在革命、建设、改革中创造的革命文化和社会主义先进文化，植根于中国特色社会主义伟大实践。中国共产党将中国特色社会主义文化同中国特色社会主义道路、理论、制度一道，作为中国特色社会主义的重要组成部分，强调要坚定文化自信，充分体现了高度的文化自觉和文化担当。

一、中华文化的辉煌、挫折与重生

1. 中华文化的成就与挫折

在人类几千年的文明史中，许多国家、民族在承先启后、继往开来中孕育了自己独特的文明，如希腊文明、罗马文明、埃及文明、两河文明、印度文明等。中国是世界四大文明古国之一，中华民族有着悠久的历史和灿烂的文化，身处世界文明之林之中，为人类文明进步作出了巨大贡献。

从起源和发展的历史脉络看，中国是东方人类的故乡，同非洲并列人类起源最早之地，具有百万年的人类史、一万年的文化史、5000多年的文明史，在长期历史发展中，形成了多元一体、家国一体的中华民族和中华文明。在文明成就上，我国在新石器时代、青铜器时代、铁器时代等各个时代的古代文明发展成就上都走在世界前列，我国先民在培育农作物、驯化野生动物、寻医问药、观天文察地理、制造工具、创立文字、发现和发明科技、建设村落、营造都市、建构和治理国家、创造和发展文化艺术等各个领域都取得了令人赞叹的成就。从对世界文明的贡献看，作为世界上唯一自古延续至今、从未中断的文明，长期以来，中华文明同世界其他文明互通有无、交流借鉴，向世界贡献了深刻的思想体系、丰富的科技文化艺术成果、独特的制度创造，深刻影响了世界文明进程。中国古代农业技术、"四大发明"以及漆器、丝绸、瓷器、生铁和制钢技术、郡县制、科举制等在世界文明史上具有鲜明的独创性。这些重大成就展示了中华民族开拓创新、与时俱进、自强不息的进取精神,也体现了中华民族以和为贵的和平性格、海纳百川的包容特质、天下一家的大国气度,是坚定文化自信的重要源泉。

从1840年鸦片战争爆发到1949年中华人民共和国成立,中华民族遭受了世所罕见的外族入侵和内部动荡,中国人民遭受了前所未有的苦难,中华文明也经历了严重的挫折。圆明园、紫禁城、敦煌莫高窟等文化重地横遭掠夺,目前有超过1000万件中国文物流失海外,成为近代以来中国人民心中的痛苦记忆。不仅如此,半个多世纪的民族危机,使一些学者悲观地认为中国"百事不如人",而且物质上不如人,机械上不如人,而且政治、社会、道德上都不如人,迫使近代中国思潮中出现"全盘西化"的倾向,对中国自己的文化传统全盘否定。一个民族的复兴需要强大的物质力量,也需要强大的精神力量,如何重新焕发中华文化的生机,成为国人必须面对的时代命题。

中华文化在近代遭遇的严重磨难,是近代民族危机的一个侧面。一代代仁人志士从反思器物,到反思制度,最后终于将反思的目光投向思想文化层面。辛亥革命一方面传播了西方启蒙思想,另一方面也以运动本身的失败促使了一些先进的知识分子的反思。

他们认为,救亡图存的前提是启迪民智,如果民众脑中缺乏民主共和意识,对国家危亡采取隔岸观火的态度,那么少数先觉者再为救亡斗争努力,也会收效甚微。因此,必须先从改造中国的国民性下手,从文化思想上冲击封建思想和封建意识。于是,以陈独秀、李大钊、鲁迅、胡适等接受过西方教育的知识分子为代表,以1915年《青年杂志》的创办为序幕,一场提倡民主、反对专制,提倡科学、反对迷信,提倡新道德、反对旧道德,提倡新文学、反对旧文学的新文化运动在中国大地开展起来。

这次运动沉重打击了统治中国2000多年的传统礼教,传播了西方民主、科学的精神,在中国掀起了思想解放的浪潮。更重要的是,新文化运动为马克思主义在中国的传播开辟了道路。五四运动爆发后,新文化运动的主要参与者走向分野,以李大钊、陈独秀为代表的知识分子将民主、科学与马克思主义结合起来,创立了中国共产党。中国共产党的出现为中国近代以来的文化复兴注入了新的活力。

2. 中国共产党与中国文化复兴

新民主主义革命时期,中国共产党曾经领导了多次文化运动。在国民党统治区内,新兴的左翼文化运动在中国共产党的领导下展开。1929年,中共中央宣传部成立了中央文化工作委员会,统一领导国民党统治区域内的思想文化工作。1930年3月,经过党的建议和筹划，有党内外作家参加的中国左翼作家联盟（简称左联）在上海正式成立。随后，中国社会科学家、戏剧家、美术家、教育家联盟（分别简称社联、剧联、美联、教联）以及电影、音乐小组等左翼文化团体也相继成立。10月，各左翼文化团体又共同组成中国左翼文化界总同盟（简称文总）。以鲁迅为代表的左翼文化工作者，在党的领导下，积极从事马克思主义宣传和革命文艺创作等活动，兴起了一个很有声势和实力的左翼文化运动。这些组织在马克思主义和无产阶级革命文学的旗帜下，顽强地发展起来，由最初的上海发展至北平、天津、武汉、广州，在文学、戏剧、电影、美术、出版、文艺社科理论等各方面突破了国民党的文化"围剿"，取得不菲成就。其中就有茅盾刻画20世纪30年代中国都市的现实主义力作《子夜》，还有老舍、曹禺、巴金等许多作家的优秀作品。左翼文化工作者还翻译出版了大量马克思主义著作，在中国社会性质等问题上同反马克思主义的思潮进行斗争，还在民族危机加剧时着手建立文化界的抗日民族统一战线。左翼文化运动不仅取得辉煌的成就，而且锻炼出一支坚强的战斗队伍，一大批党的和非党的文化工作者后来成为党在思想理论界和文艺界的领导骨干。

在中国共产党局部执政的区域，中国共产党在物质资源极其匮乏的条件下进行了文化教育建设。苏维埃政府通过建立夜校、半日学校、补习学校、识字班等方式提高工农文化水平；创办《红色中华》《青年实话》等刊物繁荣根据地的新闻出版事业；创办工农剧社、蓝衫团等组织丰富根据地的革命文艺生活。抗日战争时期，延安成为中国人民抗日战争的指挥中心和总后方，成千上万的海内外爱国青年、文学艺术家们奔赴延安，在中国共产党的领导下推进文化事业。党创办了延安鲁迅艺术文学院，培养了大批抗战文艺干部；中国文艺协会、陕甘宁边区文化界救亡协会、陕甘宁边区音乐界救亡协会、陕甘宁边区美术工作者协会、中华戏剧界抗敌协会边区分会等文艺社团相继创办，诸如《黄河大合唱》等优秀作品被创作出来。

各项文化建设的实践在党局部执政的区域内有序展开，也将更多的问题暴露在党的面前。大批文艺工作者来自城市，不熟悉工农兵生活，创作者采用的艺术形式脱离群众，与工农兵群众的审美趣味存在脱节的现象，在创作思想上，也出现了歌颂还是批评、普及还是提高等分歧的观点。实践中暴露的各种问题要求党对文化工作进行一次系统的理论总结，正是在这样的背景下，毛泽东于1942年5月在延安举行的文艺座谈会上多次讲话，旨在解决中国无产阶级文艺发展道路上遇到的理论和实践问题，诸如党的文艺工作和党的整个工作的关系问题、文艺为什么人的问题、普及与提高的问题、内容和形式的统一问题、歌颂和暴露的问题等。毛泽东明确提出了文艺为工农兵服务的总方针，强调文艺工作者必须到群众中去、到火热的斗争中去，熟悉工农兵，转变立足点，为革命事业作出积极贡献。

在廓清思想迷雾后,延安时期一大批表现新人物、新思想的文化成果开始涌现。歌剧《白毛女》揭示了"旧社会把人变成鬼,新社会把鬼变成人"的深刻主题,富有生动的政治含义;小说《太阳照在桑干河上》展现了中国共产党土地改革的经济实践带来的政治影响,讴歌了新型农民崭新的精神面貌;伴随陕甘宁边区军民大生产运动高潮,《南泥湾》等经典歌曲也广为传唱。这一时期,中国共产党还在八路军、新四军中开展英雄主义运动,1939年3月18日,中央军委发出《关于注意收集各部民族英雄事迹的通知》,要求大力倡导革命英雄主义精神。

中华人民共和国的成立,为中国共产党领导全国人民发展文化事业提供了新的舞台。新中国成立之际,《中国人民政治协商会议共同纲领》规定了国家的基本文化政策,明确中华人民共和国的文化教育为新民主主义的,即民族的、科学的、大众的文化教育。人民政府的文化教育工作,应以提高人民文化水平、培养国家建设人才、肃清封建的、买办的、法西斯主义的思想、发展为人民服务的思想为主要任务,并提倡爱祖国、爱人民、爱劳动、爱科学、爱护公共财物为中华人民共和国全体国民的公德。1954年9月,新中国通过的第一部宪法明确保障中华人民共和国公民进行科学研究、文学艺术创作和其他文化活动的自由,使中国人民得以在稳定的环境保障下加速推进文化复兴的事业。

1956年毛泽东提出艺术问题上的"百花齐放",学术问题上的"百家争鸣",应该成为我国发展科学、繁荣文学艺术的方针,这一方针成为国家关于文化工作的重要指导原则。改革开放后,中国共产党根据新的形势和任务,提出了"文艺为人民服务,为社会主义服务"的方向,鼓舞新时期人们同心同德地投身于社会主义文化建设的伟大事业。与改革开放的全面展开相伴,社会主义精神文明建设的任务被进一步提上了日程,物质文明与精神文明"两手抓、两手都要硬"逐渐成为共识。1986年9月,中共中央通过了《关于社会主义精神文明建设指导方针的决议》,提出进行社会主义精神文明建设以适应社会主义现代化建设的需要,培养有理想、有道德、有文化、有纪律的社会主义公民,提高整个中华民族的思想道德素质和科学文化素质。2001年9月颁布的《公民道德建设实施纲要》强调,要把法制建设与道德建设、依法治国与以德治国紧密结合起来,促进物质文明与精神文明协调发展。

2011年10月,党的十七届六中全会通过《中共中央关于深化文化体制改革推动社会主义文化大发展大繁荣若干重大问题的决定》,阐述了中国特色社会主义文化发展道路,确立了建设社会主义文化强国的战略目标,提出了新形势下推进文化改革发展的指导思想、重要方针、目标任务、政策举措。以这次全会为标志,我国文化改革发展进入一个新阶段。

二、文化自信的提出、意义与内涵

1. 文化自信的提出

党的十八大以来,以习近平同志为核心的党中央高度重视社会主义文化建设,牢牢掌握意识形态工作的领导权、管理权、话语权,大力培育和践行社会主义核心价值观,提高全民族思想道德水平,推动文化事业全面繁荣和文化产业快速发展,为实现中华民族伟大复兴的中国梦提供思想保证、精神力量、道德滋养。习近平总书记曾多次提及文化自信,2014年2月24日的中央政治局第十三次集体学习中,习近平总书记提出要"增强文化自信和价值观自信"。2016年5月和6月,习近平总书记又连续两次对"文化自信"加以强调,指出"我们要坚定中国特色社会主义道路自信、理论自信、制度自信,说到底是要坚持文化自信";要引导党员特别是领导干部"坚定中国特色社会主义道路自信、理论自信、制度自信、文化自信"。2016年7月1日,在庆祝中国共产党成立95周年大会的讲话中,习近平总书记专门对文化自信加以阐释,认为"文化自信,是更基础、更广泛、更深厚的自信"。最终,文化自信成为继道路自信、理论自信和制度自信之后的"第四个自信",与前三者并列写入十九大修订后的党章。

文化自信是一个民族、一个国家以及一个政党对自身文化价值的充分肯定和积极践行,并对其文化的生命力持有的坚定信心。文化自信对国家、民族的生存与发展有着重要的意义。

从维系生存的角度看,文化是民族生存和发展的重要力量。中华民族有着5000多年的文明史,近代以前中国一直是世界强国之一。在几千年的历史流变中,中华民族从来不是一帆风顺的,遇到了无数艰难困苦,但我们都挺过来、走过来了,其中一个很重要的原因就是世世代代的中华儿女培育和发展了独具特色、博大精深的中华文化,为中华民族克服困难、生生不息提供了强大精神支撑。[1]

从国家民族发展的角度看,中华民族拥有强大文化创造力,表现在每到重大历史关头,文化都能感国运之变化、立时代之潮头、发时代之先声,为亿万人民、为伟大祖国鼓与呼。中华文化既坚守本根又不断与时俱进,使中华民族保持了坚定的民族自信和强大的修复能力,培育了共同的情感和价值、共同的理想和精神。历史和现实都表明,一个抛弃了或者背叛了自己历史文化的民族,不仅不可能发展起来,而且很可能上演一场历史悲剧。[2]

从党和国家的事业布局看,坚定中国特色社会主义道路自信、理论自信、制度自信,说到底是要坚定文化自信。文化自信是更

---

[1] 《十八大以来重要文献选编》(中),中央文献出版社2016年版,第119页。
[2] 习近平:《在哲学社会科学工作座谈会上的讲话》,人民出版社2016年版,第17页。

基本、更深沉、更持久的力量。实现中国特色社会主义的发展目标，实现中国梦，是物质文明和精神文明比翼双飞的发展过程。道路自信、理论自信、制度自信需要我们对核心价值观的认定作支撑。增强文化自觉和文化自信，是坚定道路自信、理论自信、制度自信的题中应有之义。

2. 中国特色社会主义文化的内涵

中国特色社会主义文化，源自于中华民族 5000 多年文明历史所孕育的中华优秀传统文化，熔铸于党领导人民在革命、建设、改革中创造的革命文化和社会主义先进文化，植根于中国特色社会主义伟大实践。

"求木之长者，必固其根本；欲流之远者，必浚其泉源。"中华优秀传统文化是中华民族的精神命脉，是涵养社会主义核心价值观的重要源泉，也是我们在世界文化激荡中站稳脚跟的坚实根基。中国传统思想文化是中华民族世世代代在生产生活中形成和传承的世界观、人生观、价值观、审美观等，其中最核心的内容已经成为中华民族最基本的文化基因。

在每一个历史时期，中华民族都留下了无数不朽作品。从诗经、楚辞、汉赋，到唐诗、宋词、元曲、明清小说等，共同铸就了灿烂的中国文艺历史星河。这些作品承载了"仁义""和合""和平""均等"等思想，承载着"大道之行也，天下为公"的社会理想，"天下兴亡，匹夫有责"的爱国理念，"以和为贵，和而不同"的处世哲学，"天人合一，道法自然"的生命境界，"革故鼎新，与时俱进"的改革精神，"己所不欲，勿施于人"的道德规范，"天行健，君子以自强不息"的奋进精神，"言必信，行必果"的行为规范，"正心诚意，修齐治平"的心性修养。中华优秀传统文化对中华文明形成并延续发展几千年而从未中断，对形成和维护中国团结统一的政治局面，对形成和巩固中国多民族和合一体的大家庭，对形成和丰富中华民族精神，对激励中华儿女维护民族独立、反抗外来侵略，对推动中国社会发展进步、促进中国社会利益和社会关系平衡等，都发挥了十分重要的作用，是中华民族的"根"与"魂"。

人无精神则不立，国无精神则不强。精神是一个民族赖以长久生存的灵魂，唯有精神上达到一定的高度，这个民族才能在历史的洪流中屹立不倒、奋勇向前。实现中国梦必须弘扬中国精神，这就是以爱国主义为核心的民族精神，以改革创新为核心的时代精神。这种精神是凝心聚力的兴国之魂、强国之魂。爱国主义始终是把中华民族坚强团结在一起的精神力量，改革创新始终是鞭策我们在改革开放中与时俱进的精神力量。

革命文化诞生于我们中国共产党领导人民进行革命、建设与改革的艰苦历程，是以爱国主义为核心的民族精神的最高体现。长期以来，我们党领导中国人民创造了红船精神、井冈山精神、苏区精神、长征精神、延安精神、西柏坡精神。这些精神，是中国共产党人及其领导的人民军队革命风范的生动反映，是中华民族自强不息的民族品格的集中展示，是中国共产党人红色基因和中华民族宝贵精神财富的重要组成部分。这些精神无时无刻不在告诉后来人：新中国是无数革命先烈用鲜血和生命铸就的，红色政权来之不易，新中国来之不易，中国特色社会主义来之不易。进入改革开放新时期，以改革创新为核心的时代精神表现为航天精神、抗击"非典"精神、抗洪精神、抗震救灾精神、抗疫精神等。中国人民在长期奋斗中培育、继承、发展起来的伟大民族精神，为中国发展和人类文明进步提供了强大动力。2018年3月20日，习近平总书记在第十三届全国人民代表大会第一次会议上发表重要讲话，首次对"中华民族精神"作出了概括：中华民族精神，是"中国人民在长期奋斗中培育、继承、发展起来的伟大民族精神"，包括"伟大创造精神""伟大奋斗精神""伟大团结精神"与"伟大梦想精神"①。

一个国家的文化软实力，从根本上说，取决于其核心价值观的生命力、凝聚力、感召力。培育和弘扬核心价值观，有效整合社会意识，是社会系统得以正常运转、社会秩序得以有效维护的重要途径，也是国家治理体系和治理能力的重要方面。历史和现

---

① 习近平：《在第十三届全国人民代表大会第一次会议上的讲话》，人民出版社2018年版，第3—6页。

实都表明，构建具有强大感召力的核心价值观，关系社会和谐稳定，关系国家长治久安。

社会主义核心价值观，把涉及国家、社会、公民的价值要求融为一体，既体现了社会主义本质要求，继承了中华优秀传统文化，也吸收了世界文明有益成果，体现了时代精神。社会主义核心价值观共24个字，凝练概括了国家的价值目标、社会的价值取向和公民的价值准则。富强、民主、文明、和谐是国家层面的价值目标，表达的是国家的意志，是全体人民的共同价值理想；自由、平等、公正、法治是社会层面的价值取向，表达的是社会秩序，是人们对现实社会的价值诉求和期待；爱国、敬业、诚信、友善是公民个人层面的价值准则，表达的是社会成员的道德自律，是社会成员的基本道德规范。这三个层面相辅相成、密切相连，形成一个整体，回答了我们要建设什么样的国家、建设什么样的社会、培育什么样的公民的重大问题。核心价值观是文化软实力的灵魂、文化软实力建设的重点。这是决定文化性质和方向的最深层次要素。

三、坚定新时代中国特色社会主义文化自信

发展中国特色社会主义文化,就是以马克思主义为指导,坚守中华文化立场,立足当代中国现实,结合当今时代条件,发展面向现代化、面向世界、面向未来的,民族的科学的大众的社会主义文化,推动社会主义精神文明和物质文明协调发展。要坚持为人民服务、为社会主义服务,坚持百花齐放、百家争鸣,坚持创造性转化、创新性发展,不断铸就中华文化新辉煌。

第一,牢牢掌握意识形态工作领导权。建设具有强大凝聚力和引领力的社会主义意识形态,需要在思想上有一个主心骨,这就是坚持马克思主义,坚持党对意识形态工作的领导。对意识形态的领导权关系到中国特色社会主义文化的独立性问题,如果"以洋为尊""以洋为美""唯洋是从",把作品在国外获奖作为最高追求,跟在别人后面亦步亦趋、东施效颦,热衷于"去思想化""去价值化""去历史化""去中国化""去主流化"那一套,那就谈不上文化自信,政治、思想、文化、制度等方面的独立性就会被侵蚀。因此,必须推进马克思主义中国化时代化大众化,使全体人民在理想信念、价值理念、道德观念上紧紧团结在一起。用习近平新时代中国特色社会主义思想武装全党、全国人民,牢固树立共产主义远大理想和中国特色社会主义共同理想。

第二，正确对待中华优秀传统文化与外来文化的关系。抛弃传统、丢掉根本，就等于割断了自己的精神命脉。对我们来说，博大精深的中华优秀传统文化是我们在世界文化激荡中站稳脚跟的根基，是我们提高国家文化软实力最深厚的源泉，是我们提高国家文化软实力的重要途径。包括儒家思想在内的中国优秀传统文化中蕴藏着解决当代人类面临的难题的重要启示，比如，关于道法自然、天人合一的思想，关于天下为公、大同世界的思想，关于自强不息、厚德载物的思想，关于以民为本、安民富民乐民的思想，关于为政以德、政者正也的思想，关于苟日新日日新又日新、革故鼎新、与时俱进的思想，关于脚踏实地、实事求是的思想，关于经世致用、知行合一、躬行实践的思想，关于集思广益、博施众利、群策群力的思想，关于仁者爱人、以德立人的思想，关于以诚待人、讲信修睦的思想，关于清廉从政、勤勉奉公的思想，关于俭约自守、力戒奢华的思想，关于中和、泰和、求同存异、和而不同、和谐相处的思想，关于安不忘危、存不忘亡、治不忘乱、居安思危的思想，等等。中国优秀传统文化的丰富哲学思想、人文精神、教化思想、道德理念等，可以为人们认识和改造世界提供有益启迪，可以为治国理政提供有益启示，也可以为道德建设提供有益启发。对传统文化中适合于调理社会关系和鼓励人们向上向善的内容，我们要结合时代条件加以继承和发扬，赋予其新的含义。要使中华民族最基本的文化基因与当代文化相适应、与现代社会相协调，以人们喜闻乐见、具有广泛参与性的方式推广开来，把跨越时空、超越国度、富有永恒魅力、具有当代价值的文化精神弘扬起来，把继承传统优秀文化又弘扬时代精神、立足本国又面向世界的当代中国文化创新成果传播出去。

中华文明是在同其他文明不断交流互鉴中形成的开放体系。从历史上的佛教东传、"伊儒会通"，到近代以来的"西学东渐"、新文化运动、马克思主义和社会主义思想传入中国，再到改革开放以来全方位对外开放，中华文明始终在兼收并蓄中历久弥新。坚持文化自信需要主动尊重、维护各国各民族文明多样性，加强相互交流、相互学习、相互借鉴，既不盲目跟随，也不唯我独尊、相互排斥、相互取代，而是要理性处理本国文明与其他文明的差异，认识到每一个国家和民族的文明都是独特的，坚持求同存异、取长补短，虚心学习、积极借鉴别国别民族思想文化的长处和精华，这是增强本国本民族思想文化自尊、自信、自立的重要条件。

第三，培育和践行社会主义核心价值观。社会主义核心价值体系和核心价值观，是充分反映中国特色、民族特性、时代特征的价值体系，核心价值观是一个国家的重要稳定器，能否构建具有强大感召力的核心价值观，关系社会和谐稳定，关系国家长治久安。教育引导是培育和弘扬社会主义核心价值观的基础性工作，需要区分层次、突出重点，在全社会广泛开展。

要以培养担当民族复兴大任的时代新人为着眼点，强化教育引导、实践养成、制度保障,发挥社会主义核心价值观对国民教育、精神文明创建、精神文化产品创作生产传播的引领作用,把社会主义核心价值观融入社会发展各方面,转化为人们的情感认同和行为习惯。坚持全民行动、干部带头,从家庭做起,从娃娃抓起。要在全社会大力弘扬和践行社会主义核心价值观,使之像空气一样无处不在、无时不有,成为全体人民的共同价值追求,成为我们生而为中国人的独特精神支柱,成为百姓日用而不觉的行为准则。要号召全社会行动起来,通过教育引导、舆论宣传、文化熏陶、实践养成、制度保障等,使社会主义核心价值观内化为人们的精神追求、外化为人们的自觉行动。

第四,加强思想道德建设。人民有信仰,国家有力量,民族有希望。要提高人民思想觉悟、道德水准、文明素养,提高全社会文明程度。广泛开展理想信念教育,深化中国特色社会主义和中国梦宣传教育,弘扬民族精神和时代精神,加强爱国主义、集体主义、社会主义教育,引导人们树立正确的历史观、民族观、国家观、文化观。深入实施公民道德建设工程,激励人们向上向善、孝老爱亲,忠于祖国、忠于人民。加强和改进思想政治工作,深化群众性精神文明创建活动。弘扬科学精神,普及科学知识,开展移风易俗、弘扬时代新风行动,抵制腐朽落后文化侵蚀。推进诚信建设和志愿服务制度化,强化社会责任意识、规则意识、奉献意识。

第五，繁荣发展社会主义文艺。文艺事业是党和人民的重要事业，文艺战线是党和人民的重要战线。要改造国人的精神世界，首推文艺。举精神之旗、立精神支柱、建精神家园，都离不开文艺。要繁荣文艺创作，坚持以人民为中心的创作导向，坚持思想精深、艺术精湛、制作精良相统一，加强现实题材创作，不断推出讴歌党、讴歌祖国、讴歌人民、讴歌英雄的精品力作。发扬学术民主、艺术民主，提升文艺原创力，推动文艺创新。倡导讲品位、讲格调、讲责任，抵制低俗、庸俗、媚俗。加强文艺队伍建设，造就一大批德艺双馨名家大师，培育一大批高水平创作人才。

好的文艺作品，应该是经得起人民评价、专家评价、市场检验的作品，应该是把社会效益放在首位，同时也应该是社会效益和经济效益相统一的作品。同社会效益相比，经济效益是第二位的，当两个效益、两种价值发生矛盾时，经济效益要服从社会效益，市场价值要服从社会价值。文艺不能当市场的奴隶，不要沾满了铜臭气。优秀的文艺作品，最好是既能在思想上、艺术上取得成功，又能在市场上受到欢迎。要坚守文艺的审美理想、保持文艺的独立价值，合理设置反映市场接受程度的发行量、收视率、点击率、票房收入等量化指标，既不能忽视和否定这些指标，又不能把这些指标绝对化，被市场牵着鼻子走。

第六，推动文化事业和文化产业发展。满足人民过上美好生活的新期待，必须提供丰富的精神食粮。要深化文化体制改革，完善文化管理体制，加快构建把社会效益放在首位、社会效益和经济效益相统一的体制机制。完善公共文化服务体系，深入实施文化惠民工程，丰富群众性文化活动。加强文物保护利用和文化遗产保护传承。健全现代文化产业体系和市场体系，创新生产经营机制，完善文化经济政策，培育新型文化业态。广泛开展全民健身活动，加快推进体育强国建设，筹办好北京冬奥会、冬残奥会。加强中外人文交流，以我为主、兼收并蓄。推进国际传播能力建设，讲好中国故事，展现真实、立体、全面的中国，提高国家文化软实力。

  文化是一个国家、一个民族的灵魂。文化兴国运兴，文化强民族强。没有高度的文化自信，没有文化的繁荣兴盛，就没有中华民族伟大复兴。进入中国特色社会主义新时代，必须要坚定文化自信，坚持中国特色社会主义文化发展道路，构筑中国精神、中国价值、中国力量，为中华民族的伟大复兴提供精神指引。

参考文献

1. 习近平：《在"不忘初心、牢记使命"主题教育总结大会上的讲话》，《人民日报》2020年1月9日。
2. 《马克思恩格斯选集》第2卷，人民出版社1995年版。
3. 《十八大以来重要文献选编》上、中册，中央文献出版社2014年版。
4. 习近平：《在哲学社会科学工作座谈会上的讲话》，人民出版社2016年版。
5. 《列宁专题文集 论马克思主义》，人民出版社2009年版。
6. 恩格斯：《反杜林论》，人民出版社2018年版。
7. 《毛泽东思想年编（一九二一——一九七五）》，中央文献出版社2011年版。
8. 习近平：《决胜全面建成小康社会 夺取新时代中国特色社会主义伟大胜利——在中国共产党第十九次全国代表大会上的报告》，人民出版社2017年版。
9. 《习近平新时代中国特色社会主义思想三十讲》，学习出版社2018年版。
10. 《建国以来重要文献选编》第5册，中央文献出版社1993年版。
11. 《马克思主义历史理论经典著作导读》，人民出版社2013年版。
12. 《建党以来重要文献选编》第26册，中央文献出版社2011年版。
13. 《习近平新时代中国特色社会主义思想学习纲要》，学习出版社、人民出版社2019年版。
14. 《习近平谈治国理政》，外文出版社2014年版。
15. 马克思、恩格斯：《共产党宣言》，人民出版社2018年版。
16. 《毛泽东选集》第1—2卷，人民出版社1991年版。
17. 《毛泽东文集》第6—8卷，人民出版社1999年版。
18. 习近平：《关于坚持和发展中国特色社会主义的几个问题》，《求是》2019年第7期。

19.《刘少奇选集》上卷,人民出版社 1981 年版。

20.《中国共产党章程》,人民出版社 2017 年版。

21. 习近平:《在纪念马克思诞辰 200 周年大会上的讲话》,人民出版社 2018 年版。

22. 习近平:《思政课是落实立德树人根本任务的关键课程》,人民出版社 2020 年版。

23.《邓小平文选》第 2 卷,人民出版社 1994 年版。

24.《中国共产党第十九届中央委员会第四次全体会议文件汇编》,人民出版社 2019 年版。

25. 习近平:《在哲学社会科学工作座谈会上的讲话》,人民出版社 2016 年版。

26. 习近平:《在第十三届全国人民代表大会第一次会议上的讲话》,人民出版社 2018 年版。

27. 本书编写组:《中国近现代史纲要》,高等教育出版社 2018 年版。

28. 本书编写组:《毛泽东思想和中国特色社会主义理论体系概论》,高等教育出版社 2018 年版。

29. 本书编写组:《马克思主义基本原理概论》,高等教育出版社 2018 年版。

30. 高放、李景治、蒲国良主编:《科学社会主义的理论与实践》,中国人民大学出版社 2014 年版。

31. 中共中央党史研究室:《中国共产党的九十年》,中共党史出版社、党建读物出版社 2016 年版。

32. 杨德山、韩宇编著:《中共党史简明读本》,华文出版社 2016 年版。

33.《人民日报》相关报道、评论。

后 记

本书是为庆祝中国共产党成立100周年以及响应习近平总书记关于学习"四史"的号召编写的,定名为《"四史"专题讲座》。本书的编写始终围绕习近平总书记关于学习党史、新中国史、改革开放史、社会主义发展史系列重要讲话展开,力求为广大读者提供一本简洁、准确、朴实的"四史"读本。

本书在编写过程中参阅了中共中央党史研究室著的《中国共产党的九十年》三卷(中共党史出版社,党建读物出版社,2016年)和《中国共产党历史》第一卷上下(中共党史出版社,2002年)、第二卷上下(中共党史出版社,2011年)等权威党史著述,以及高等教育出版社组织编写的《马克思主义基本原理概论》(2018年)、《毛泽东思想和中国特色社会主义理论体系概论》(2018年)、《中国近现代史纲要》(2018年)、高放先生组织编写的《科学社会主义的理论与实践》(中国人民大学出版社,2014年)等相关教辅用书。同时本书还参阅了人民网、新华网等主流网络媒体的相关报道、评论。编者向上述著述的作者致以崇高的敬意,表示衷心的感谢。

党史、新中国史、改革开放史、社会主义发展史时间跨度长、内容涵盖广，浓缩于一本书中实属不易。编者虽已付出努力，亦难免有不足、不当、不周之处，恳请读者不吝指正。

编　者

2020 年 12 月